I0171437

www.ingramcontent.com/pod-product-compliance
Lightning Source LLC
Chambersburg PA
CBHW081636040426
42449CB00014B/3333
9781771435796

My Guide Inside (Book II) Intermediate Learner Book
Hebrew Language Edition
(Black+White Edition)

המדריך הפנימי שלי

להכיר את עצמי ולהבין את עולמי

ספר 2

כריסטה קמפסול
וג'יין טאקר

תרגום: אביבה פשחור

שיחות חינוכיות מתוך הבנת שלושת העקרונות
myguideinside.com

CCB Publishing
British Columbia, Canada

My Guide Inside (Book II) Intermediate Learner Book Hebrew Language Edition (Black+White Edition)

המדריך הפנימי שלי

להכיר את עצמי ולהבין את עולמי

ספר 2

Copyright © 2018, 2022-2023 by Christa Campsall – http://www.myguideinside.com

ISBN-13   978-1-77143-579-6

First Edition, Revised (Black+White Edition)

Library and Archives Canada Cataloguing in Publication
Title: My guide inside (book II) intermediate learner book Hebrew language edition (black+white edition) / by Christa Campsall
and Jane Tucker, translated by Aviva Pashchur.
Names: Campsall, Christa, 1954-, author.
Issued in print format.
ISBN 9781771435796 (softcover)
Additional cataloguing data available from Library and Archives Canada

My Guide Inside® is a registered trademark of Christa Campsall (3 Principles Ed Talks)

Co-authored by: Jane Tucker

Conceptual Development: Barbara Aust and Kathy Marshall Emerson

Graphic Design: Josephine Aucoin

Production: Tom Tucker

Contributions: Dr. William Pettit

Webmaster: Michael Campsall

Translation: Aviva Pashchur

Editing: Liora Daus; Orit Eshel PhD.

Extreme care has been taken by the author to ensure that all information presented in this book is accurate and up to date at the time of publishing. Neither the author nor the publisher can be held responsible for any errors or omissions. Additionally, neither is any liability assumed for damages resulting from the use of the information contained herein.

All rights reserved. No part of this work covered by copyright herein may be reproduced or used in any form or by any means—graphic, electronic or mechanical—without the prior written permission of the author, except for reviewers who may quote brief passages. Any request for photocopying, recording, taping or storage on information retrieval systems for any part of this work shall be directed in writing to the author at myguideinside.com

למה ינשוף?

לאורך השנים כמורה, קיבלה כריסטה ינשופים שונים כמתנה. היא אוהבת אותם כסמל לחכמה שכולנו חולקים. החל מימי קדם ולאורך ההיסטוריה, תרבויות שונות ראו בינשוף עוף הקשור לחכמה והדרכה. עיני הינשוף העגולות והגדולות מסמלות ראיית ידע. למרות שלעיתים הוא מקושר לרעיונות אחרים, בשל הקשר לחכמה, להדרכה ולראיית ידע, נבחר הינשוף כסמל הגרפי של **המדריך הפנימי שלי.** כריסטה וג'יין מקוות שפרשנות זו משמעותית גם עבורכם.

Publisher: CCB Publishing
British Columbia, Canada
www.ccbpublishing.com

תוכן העניינים

מה ילדים אומרים על גילוי החכמה הפנימית שלהם...

- "לא יכולתי להבין את הבעיה הזו. אז הנחתי לה ואז זה בא לי. אם יש לכם ראש שקט אתם יכולים לפתור את זה. בראש שקט, יש יותר מקום לחשוב."

- "השעורים האלה עזרו לי... לא לאפשר לעצמי להתעצבן ולא לאפשר למישהו אחר להשפיע עלי ולהרוס לי את היום."

- "השכל הישר שלכם מדריך אתכם. אני יודע שהשכל הישר שובר את המחשבות השליליות שלכם. זה עוזר לכם להתגבר על דברים ומקל עליהם."

- "למדתי שאם מקלילים מחשבות מרגישים לפעמים טוב יותר. זה עזר לי להירגע כשאני מתעצבן."

- "היתרון באופטימיות הוא שאתם יכולים לעשות דברים שאתם רוצים כי אתם יודעים שאתם יכולים."

- "תנו לזה לברוח; אל תתנו לזה לצמוח!"

- "כמעט כל רעיון או עובדה שלמדתי בשעורים האלה כבר עזרו לי וימשיכו לעזור לי."

הכרה ותודות

מחברות ספר זה הכירו אדם קנדי אדיב עם מבטא סקוטי רך וניצוץ בעיניו בשם סידני בנקס. הוא חשף **שלושה עקרונות: תודעה אוניברסלית** (חכמה), **מודעות אוניברסלית** (הכרה) **ומחשבה אוניברסלית** (כלי יצירתי), הנכונים לכל בני האדם ושיכולים לעזור לכולנו לחיות חיים מוצלחים ומאושרים.

הוא לימד אותנו שחכמה פנימית ואושר נמצאים בתוך כל אחד ואחת מאיתנו. למר בנקס הייתה תקווה גדולה. הוא ידע שאנחנו יכולים לחלוק את שמחת החיים זה עם זו. הוא ידע שהעולם יהיה מקום הרבה יותר טוב כשבני אדם ילמדו לראות את החכמה הפנימית בתוכם ובתוך אחרים. בספר זה, החכמה הפנימית נקראת בדרך כלל **המדריך הפנימי שלי!**

**פרק 1
לגלות את
המדריך הפנימי
שלי**

קדימה הצטרפו!

בואו לגלות את המדריך הפנימי שלכם. החיים שלכם יהיו יפים יותר!

1. המדריך הפנימי שלכם זמין תמיד. תראו מה קורה כאשר אתם מבחינים בו.
2. יהיו לכם מילים משלכם למדריך הפנימי שלכם. זו חכמה פנימית טבעית.
3. לכל אחד כבר יש גרעין בריא של חכמה פנימית טבעית.

אתם מוזמנים למסע למידה

המוביל לחכמה הפנימית שלכם.

תלמדו להאזין למדריך הפנימי שלכם

ולהאזין למה שיעזור לכם להחליט.

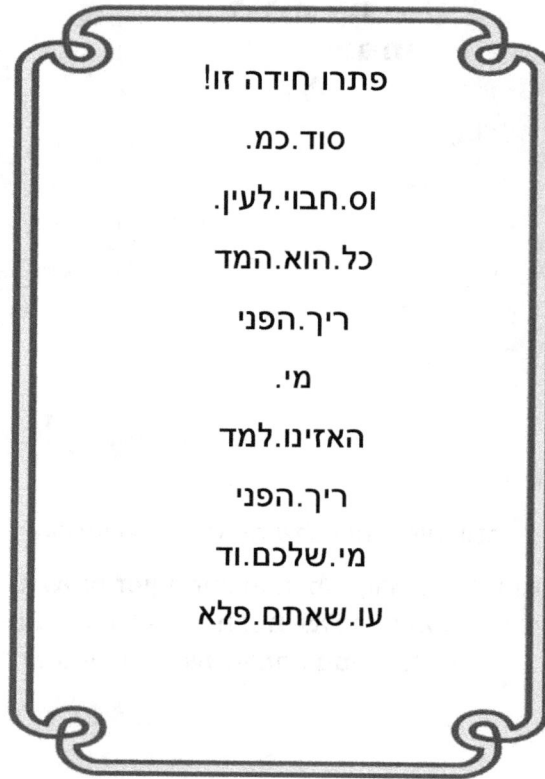

פתרו חידה זו!

סוד.כמ.

וס.חבוי.לעין.

כל.הוא.המד

ריך.הפני

מי.

האזינו.למד

ריך.הפני

מי.שלכם.וד

עו.שאתם.פלא

בואו לגלות את המדריך הפנימי שלכם.

הוא אינו נסתר מהעין אבל יש למצוא אותו!

האם אתם יכולים לחשוב על מקרה בו הרגשתם שמחים ובטוחים?

האם אתם מרגישים ככה ברגע זה?

אתם יודעים שאתם יכולים?!

בקלי קלות!

השקיטו את הפטפוטים בראש והאזינו לקול הפנימי, למדריך הפנימי שלכם. לדוגמא, כשאתם מנערים כדור זכוכית מושלג אתם רואים את השלג, אך לא את התמונה שבתוכו. כשאתם מפסיקים לנער אותו, השלג שוקע ואתם יכולים לראות את התמונה בצורה ברורה. כשאתם מאפשרים לתודעה שלכם להירגע, אתם יכולים לראות את החיים בצורה ברורה. כשהתודעה שלכם צלולה – יש שקט. "תודעה שקטה שומעת את הקול הפנימי." (1)

המדריך הפנימי שלי חבוי לפעמים לעין-כל, עד שהסוד מתגלה! הסוד הוא שהמדריך הפנימי שלי תמיד נמצא. 365‏-7‏-24.

למדריך הפנימי שלי יש שמות רבים ושונים במקומות רבים ושונים

איזה שם אתם אוהבים?

איזה שם הקבוצה הכי אוהבת?

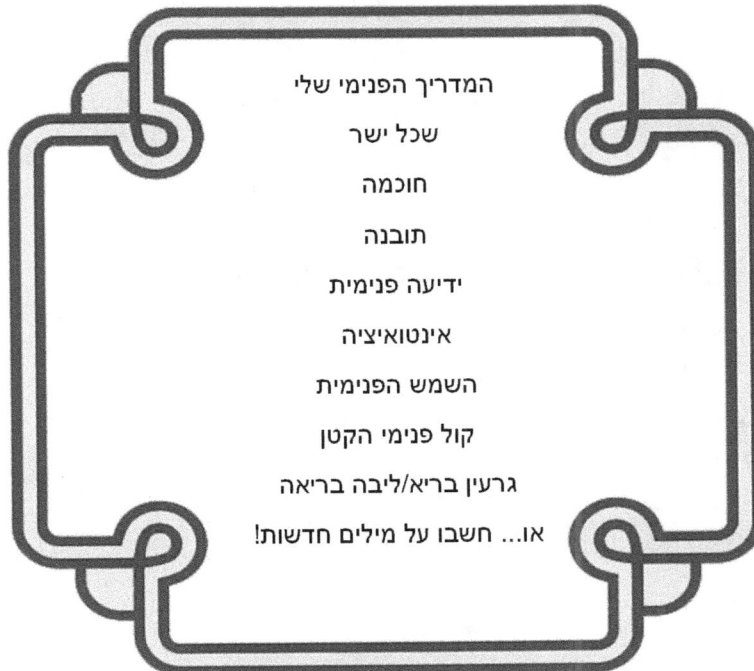

המדריך הפנימי שלי

שכל ישר

חוכמה

תובנה

ידיעה פנימית

אינטואיציה

השמש הפנימית

קול פנימי הקטן

גרעין בריא/ליבה בריאה

או... חשבו על מילים חדשות!

מה אתם חושבים? בואו נדבר על זה:

המדריך הפנימי שלכם הוא ידע רב עצמה הגדל אתכם

שימו לב! שתפו בצורה מכבדת, חשבו בצורה רחבה ועמוקה הכוללת נקודות מבט שונות וחפשו את התמונה הגדולה [=הרעיון המרכזי].

כמו שבכל תפוח יש גרעין, בכל אחד מאיתנו יש גרעין בריא... השכל הישר או החכמה הפנימית שלנו. זה המדריך הפנימי שלכם. זהו "ידע רב עוצמה" מועיל ביותר. החכמה שלכם "תגדל אתכם ותנחה אתכם לנפלאות שמעבר לדמיונכם." (2)

שתפו רעיונות: מה משמעות "המדריך הפנימי" עבורכם

הידיעה על המדריך הפנימי שלכם, החכמה הפנימית הטבעית, יכולה להפוך את עולמכם למקום טוב יותר. הוא מנחה אתכם לאהבה ולחמלה... "שני רגשות קסומים שיעזרו לכם במהלך החיים." אהבה וחמלה "עשויים להתבטא בדאגה למישהו נזקק... או בהבאת מעט שמחה לאחרים..." (3)

מהי הדרך להפוך את עולמכם למקום טוב יותר?

חכמה מובילה גם לשמחת חיים.

חשבו על מקרה בו עשיתם משהו שנהניתם ממנו. חשבו על מה שעשיתם. איפה הייתם ועם מי הייתם. חשבו על איך הרגשתם.

שתפו עם בן/בת זוג. האם דיברתם על רגשות שמחים כמו: "כן, אני יכול!" או "כן, אני יכולה!"?

כשאתם נהנים מהחיים אתם מרגישים מאושרים.

שמתם לב לזה?

אנו משתמשים במחשבה לייצר רגשות!

כשיש לכם מחשבה שמחה, יש לכם הרגשה טובה

נסו זאת! זה עובד בכל פעם

אין צורך בניחושים. זהו כלל הגיוני.

לפעמים המדריך הפנימי שלנו מתכסה בעננים.

אנו לא מרגישים שמחים ובטוחים. במקום זאת, אנו מרגישים לא בטוחים.

מחשבה מעוננת גורמת להרגשה שלילית:

"אף אחד לא אוהב אותי" ואנו מרגישים דאגה.

אני אף פעם לא מבין/ה" ואנו חשים פחד.

"זה תמיד קשה מדי" ואנו מרגישים כעס.

יש לכם דוגמא למחשבה מעוננת אחרת?

האם אתם צופים לפעמים בעננים הלבנים הרכים? הם נעים, נכון?

אתם יכולים לתת למחשבה לעבור בכל רגע. זה כמו ענן שעובר בפני השמש בשמיים. ברגע שהמחשבה המעוננת עוברת, "מגיעה במקומה מחשבה נחמדה יותר שאתם יכולים לפעול לפיה" (4)

התרגול הוא חבר!

כשאתם רוכבים על אופניים לראשונה, אתם עלולים לאבד את שיווי המשקל ונדרש אומץ לנסות שוב.

כשאתם מתאמנים מספיק, אתם מוצאים את שיווי המשקל שלכם... ואתם אף פעם לא שוכחים איך!

כשאתם נותנים למחשבה מעוננת לעבור לראשונה, אתם עלולים לאבד את שיווי המשקל שלכם, ונדרש אומץ לנסות שוב. כשאתם סומכים על החכמה הפנימית שלכם, אתם מוצאים את שיווי המשקל שלכם... ואתם אף פעם לא שוכחים איך!

"...אם אתם יכולים לשמור את התודעה שלכם נקייה ממחשבות שליליות,

מצב כזה ימלא את ליבכם בהנאות החיים

וינחה אתכם במהלך החיים." (5)

עכשיו אתם יודעים

- כמו שבכל תפוח יש גרעין, בכל אחד מאתנו יש גרעין בריא של שכל ישר וחכמה, המכונה "המדריך הפנימי שלי."
- המדריך הפנימי שלכם הוא ידע רב עוצמה, ידוע גם כחכמה אשר:
  - גדלה אתכם
  - מביאה לכם אהבה וחמלה
  - מובילה לשמחת חיים
- מחשבה מעוננת עוברת כמו עננים העוברים לפני השמש בשמיים.
- "...אם אתם יכולים לשמור את התודעה שלכם נקייה ממחשבות שליליות, מצב כזה ימלא את ליבכם בשמחת חיים וינחה אתכם במהלך החיים." (5)

למדו מילים עוצמתיות – זה כיף!

- ❖ הגיוני – מובן
- ❖ התמונה הגדולה – הרעיון המרכזי
- ❖ חכמה – ידיעה פנימית, תבונה, שכל ישר, היגיון בריא
- ❖ חמלה – אכפתיות
- ❖ ידיעה פנימית – תבונה, הבנה, אינטואיציה
- ❖ מדריך – מנחה, עוזר
- ❖ מודע – נמצא בהכרה, בידיעה; רואה את מה שיש
- ❖ מחשבה – כוח ליצור רעיון
- ❖ מקור – מאיפה משהו מתחיל או מגיע
- ❖ פנימי – בתוככם, בתוך עצמיכם
- ❖ שכל ישר – היגיון בריא, היגיון ישר, הכוח לבצע בחירות חכמות וטובות
- ❖ תובנה – הבנה או ידיעה פנימית, אבחנה, ראיה חדה
- ❖ תודעה אישית – כלל המחשבות, הרגשות, התחושות, התפיסות והמושגים של האדם
- ❖ תודעה אוניברסלית - האנרגיה חסרת הצורה שאחראית ליצירת כל החיים
- ❖ תחושה – הרגשה פיזית

חשבו על מה שלמדתם וכתבו במחברת השיעור...

השתמשו בשתי מילים מרשימת המילים העוצמתיות וכתבו על הרעיון המרכזי הבא:

המדריך הפנימי או החכמה שלי הם "ידע רב עוצמה."

חכמה "תגדל יחד איתך ותנחה אותך."

שימו לב! השתמשו בגוף ראשון (אני...), כתבו מחשבות ורגשות. הראו תובנות והקשרים.

פעילויות שתוכלו לעשות...

כתבו את המחשבות שלכם...

שימו לב! הראו עומק מחשבה, הוסיפו פרטים והיו ברורים.

חשבו על מקרה בו עשיתם משהו מהנה. למשל, פעילות אקטיבית כמו משחק, שיר או ריקוד; או פעילות שקטה, כמו ציור, קריאה או בילוי עם חיית מחמד. חשבו על מה עשיתם. חשבו איפה ועם מי הייתם. חשבו על איך שהרגשתם.

עכשיו כתבו על זה!

צרו יצירת אמנות...

שימו לב! היו מקוריים ויצירתיים, השתמשו במרחב לרשותכם, השתמשו בצבע, הצללות, או דיו.

חשבו על מקרה בו הייתם מאושרים. זה יכול להיות קשור לפעילות שבדיוק כתבתם עליה או מקרה אחר. לא משנה מה עשיתם, כל עוד הרגשתם מאושרים. ציירו וצבעו תמונה המשקפת את המצב השמח. תנו לתמונה כותרת.

צרו ציור קיר

שימו לב! היו בהירים, מדויקים ומסודרים; השתמשו במרחב לרשותכם; עשו אותו צבעוני.

עם בן/בת זוג או בקבוצה, צרו ציור קיר להצגה. רשמו 'המדריך הפנימי שלי' או שם דומה במרכז הציור וקשטו מסביב.

להנאתכם!

נערו כדור שלג מזכוכית! כשאתם צופים בשלג שוקע, אתם יכולים לראות את התמונה בצורה ברורה. הדבר נכון לגבי כל אחד מאיתנו. כאשר אנחנו מניחים לתודעה שלנו להירגע, אנחנו יכולים לראות את החיים בצורה ברורה.

**פרק 2
להכיר את המתנה
הכי נפלאה
בעולם**

קדימה הצטרפו!

גלו את מתנת **המחשבה** שלכם. תדעו במה לבחור!

1. אתם יכולים להרפות ממחשבה מזיקה כמו מתפוח אדמה לוהט ורק לפעול על-פי מחשבות מועילות.
2. טבעי לפעול על פי מחשבות המביאות רגשות שמחים ובטוחים.
3. כבר השתמשתם בשכל הישר הזה פעמים רבות בכדי לבחור בחירות חכמות.

פתרו את החידה!

זו מתנה שכל אחד מאתנו נולד איתה.

זה משהו שכולנו משתמשים בו כל הזמן ואל תגידו "אוויר!"

אנחנו משתמשים בה כשאנו ישנים

אנחנו משתמשים בה כשאנו ערים

אנחנו משתמשים בה כשאנו בבית ספר או בבית

כשאנחנו לבד, אנו משתמשים בה גם.

מי אני?

זאת התשובה הנכונה! **מחשבה!**

"מחשבה היא מתנה" (6)

מחשבה היא הדרך בה כל אחד מאתנו ער לרעיונותיו.

כולנו יכולים להשתמש ב"מתנת המחשבה" כפי שאנו בוחרים.

תארו לעצמכם!

בני אדם יכולים להשתמש במחשבה כדי לחשוב על כל דבר!

המדריך הפנימי שלנו עוזר לנו להחליט.

אנחנו בוחרים באיזו מחשבה להשתמש.

טבעי לפעול על פי מחשבות שגורמות לשמחה ולביטחון.

מחשבות יוצרות רגשות.

נסו זאת.

חשבו מחשבה שמחה... היא יוצרת תחושה שמחה.

חשבו מחשבה מפחידה... היא יוצרת תחושה מפחידה.

סיפורו של יונתן

דמיינו את הסיפור בראשכם!

למיכאל יש אח קטן בשם יונתן ולו יש בעיה - מפלצות שחיות מתחת למיטתו. בלילה, כשיונתן מנסה ללכת לישון, הוא יכול לשמוע את המפלצות. הן נמצאות מתחת למיטה שלו ורק מחכות לקפוץ ולתפוס אותו. המפלצות מפחידות אותו!

כל לילה, יונתן מזנק ממתג האור למיטתו. הוא יודע שהוא בטוח כל עוד יישאר מכוסה מכף רגל ועד ראש. אם יד או רגל מציצה החוצה הוא בצרה גדולה. אז המפלצות יכולות לתקוף. יונתן חש פחד בלילה. הוא נשאר ער ותוהה מתי המפלצות הולכות לתפוס אותו. יונתן אפילו מתחיל להיראות חולה מכיוון שהוא לא ישן.

מיכאל חש חמלה כלפי אחיו הקטן ומנסה לעזור לו. הוא אומר לו שהמפלצות הן פרי הדמיון שלו. אין מפלצות מתחת למיטה שלו! הוא מרים את השמיכה כדי שיונתן יוכל להביט תחתיה. זה לא עוזר. יונתן יודע שהמפלצות יכולות להיות בלתי נראות כך שלא ניתן למצוא אותן. מיכאל גם אומר: "היי, יוני, אתה יכול להרפות ממחשבה כמו מתפוח אדמה לוהט! אתה בוחר באיזו מחשבה להשתמש."

כל לילה יונתן חושב על המפלצות וחש פחד. ואז, לילה אחד, הוא נזכר בפעם ההיא שחשב שהיה דרקון מחוץ לחלונו. הוא ידע שראה אותו! כשקפץ ממיטתו לסגור את תריסי החלון, הוא ראה שזה לא דרקון. זה היה צל של חתול וענפים של עץ. זה רק נראה כמו דרקון. אולי מיכאל צודק. אולי הוא פשוט השתמש במחשבות שלו כדי להפחיד את עצמו.

יונתן צחק ו"פוף", המחשבה על המפלצת נעלמה! הוא אפילו ניסה להחזיר אותה כדי להפחיד את עצמו, אך לא הצליח. זה נגמר! מיכאל חזר לחדר כששמע את יונתן צוחק. יונתן אמר שהוא מרגיש שהיה חתול מפוחד! מיכאל צחק ואמר: "זה בסדר! כולנו מרגישים כך לפעמים! כמו שאבא אומר 'תמיד יש לך הזדמנות לשנות את דעתך.'" יונתן שמח לשמוע את זה. במקום לחוש פחד, הוא הרגיש ביטחון והוא נרדם מיד.

ח...ח...ח...

POOF!

Z

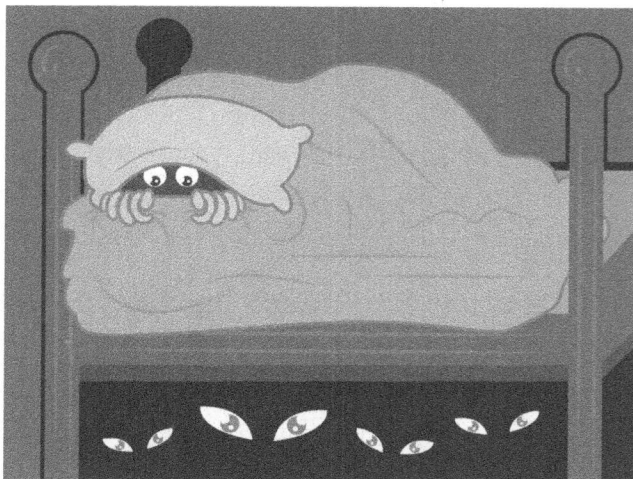

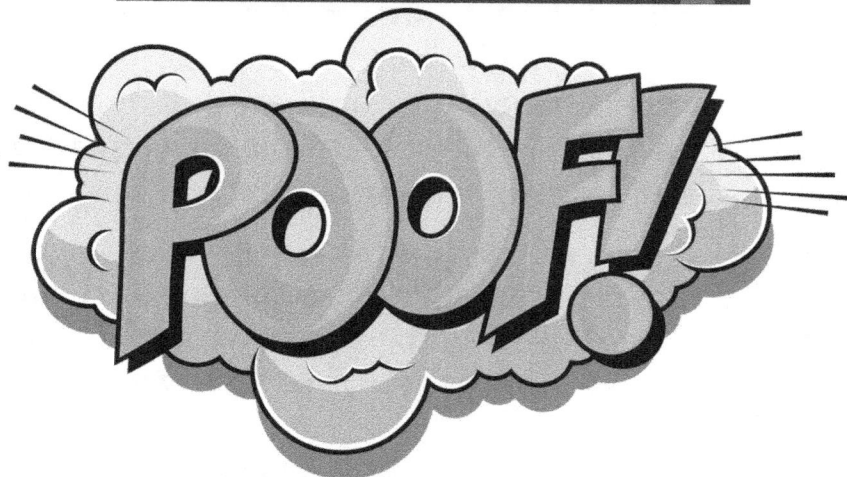

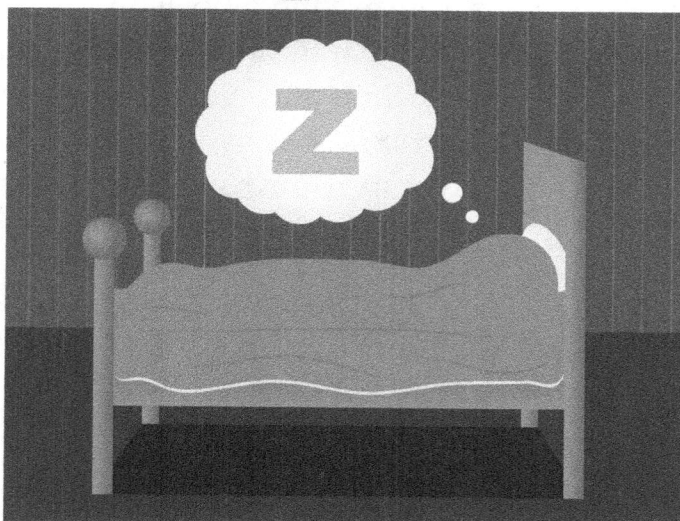

מה אתם חושבים? בואו נדבר על זה:

תארו לעצמכם: כולנו יכולים להשתמש ב"מתנת המחשבה" כפי שאנו בוחרים!

שימו לב! שתפו בצורה מכבדת, חשבו בצורה רחבה ועמוקה הכוללת נקודות מבט שונות וחפשו את התמונה הגדולה.

איך הסיפור הזה דומה למשהו מוכר לכם?

סיימו את המשפטים האלה ושתפו עם בן או בת זוג:

פעם האמנתי...

אבל עכשיו אני מבין/ה...

טבעי לשנות רעיונות ודעות. בדיוק כמו שפעם האמנתם שדברים מסוימים הם אמיתיים וכעת אתם מבינים שאלה היו רק המחשבות שלכם. השכל הישר הראה לכם שאלו היו רק המצאות דמיוניות. לפעמים צצות בראשכם מחשבות שאינן מועילות. אל תניחו לחשיבה שלכם להוליך אתכם שולל.

המחשבות המפחידות של יונתן הובילו לתחושות מפחידות.

הוא שינה את דעתו ואז הרגיש את ההיפך; הוא הרגיש ביטחון!

בואו נהפוך את היום ליום של הפכים

כל יום יכול להיות יום של הפכים...

בחרו אחד ובואו נדבר על זה.

אתם יכולים להרגיש חיוביים, וזה ההיפך מלהרגיש שליליים.

אתם יכולים להרגיש שלווים, במקום להרגיש כועסים

~רגועים, לא מודאגים~

~אמיצים, במקום מלאי פחד~

~שמחים, לא אומללים~

~מכבדים, במקום ביקורתיים~

~נינוחים, לא לחוצים~

~בטוחים, במקום חסרי ביטחון~

~מלאי תקווה, לא חסרי תקווה~

במקום להרגיש מרושעים, אתם יכולים להרגיש טובי לב.

קל להפוך את היום ליום של הפכים, אם רק תשנו את דעתכם......

מחשבה היא מתנה, תוכלו להשתמש בה כפי שאתם בוחרים,

פעלו על פי המחשבות הטובות

ולא יהיה לכם מה להפסיד!

יונתן יודע...

- תארו לעצמכם: כולנו יכולים להשתמש ב"מתנת המחשבה" כפי שאנו בוחרים!
- מחשבה היא הדרך בה כל אחד מאיתנו מכיר ברעיונות.
- מחשבות יוצרות רגשות.
- "תמיד יש לנו הזדמנות לשנות את דעתנו."
- השכל הישר מראה לנו אילו מחשבות הן מדומיינות.
- אתם יכולים להרפות ממחשבה כמו מתפו"א לוהט!
- פעלו על המחשבות הטובות.

...עכשיו גם אתם יודעים!

למדו מילים עוצמתיות – זה כיף!

- ❖ ביטחון עצמי – אמונה חזקה של אדם בעצמו, ביכולותיו, בכישוריו ובהחלטותיו
- ❖ דמיון – יצירה של המוח שלך
- ❖ הבנה – להבין, לדעת
- ❖ חיובי – טוב, רצוי, נכון, ומועיל
- ❖ להאמין – לקבל כנכון, כאמת
- ❖ להוליך שולל – להטעות, לרמות
- ❖ לכבד – לראות כבעל ערך, כראוי
- ❖ מסופק – מרוצה, שמח, מאושר
- ❖ שלילי – רע, גרוע, מזיק, לא מועיל

חשבו על מה שלמדתם וכתבו רשומת יומן...

השתמשו בשתי מילים מרשימת מילות הכוח כשאתם כותבים על הרעיון מרכזי הזה:

תארו לעצמכם: כולנו יכולים להשתמש ב"מתנת המחשבה" כפי שאנו בוחרים!

שימו לב! השתמשו בגוף ראשון (אני...), כתבו מחשבות ורגשות. הראו תובנות והקשרים.

15

פעילויות שתוכלו לעשות...

כתבו את המחשבות שלכם...

שימו לב! הראו עומק מחשבה, הוסיפו פרטים והיו ברורים

תארו משהו שאתם זוכרים שהמצאתם בדמיונכם. השתמשו בהתחלות המשפטים:

פעם האמנתי...

אבל עכשיו אני מבין/ה...

צרו יצירת אמנות...

שימו לב! היו מקוריים ויצירתיים, השתמשו במרחב לרשותכם, השתמשו בצבע, הצללה או דיו ובחומרים שונים כיד הדמיון הטובה.

קפלו נייר לשניים וציירו "יום של הפכים". הראו צד אחד כשלילי ואת הצד השני כחיובי.

לדוגמא: ציירו מישהו שנראה מרושע ומישהו שנראה טוב לב.

כמו כן, ציירו דברים כהפכים. לדוגמא: צד אחד: ירח, צד שני: שמש; צד אחד: מראה חורפי, צד שני מראה קיצי; צד אחד אדם גדול, צד שני אדם קטן.

הוסיפו רעיונות משלכם!

להנאתכם!

השתמשו בפלסטלינה ליצירת חיה. אילו רעיונות יש לכם לחיה שלכם? האם הרעיונות שלכם שונים מהרעיונות של אחרים בקבוצה? הראו שאתם יכולים להשתמש במתנת המחשבה ליצור כל רעיון!

פרק 3
שיתוף = אכפתיות

קדימה הצטרפו!

שימו לב לתובנה חדשה! תהיה לכם הזדמנות להרגיש שלווה ואכפתיות.

1. החכמה שלכם עוזרת לכם לבחור להרפות ממחשבה מדאיגה.

2. שימו לב מה קורה כשמחשבה טובה יותר קופצת לכם בראש.

3. כשאנו מקשיבים לחכמה, אכפתיות ושיתוף מתרחשים באופן טבעי.

סיפורה של תמר

האזנה עמוקה מראה כבוד למספר הסיפור. אתם, המאזינים, השומרים החשובים של הסיפור. בואו נאזין.

כשתמר הייתה ילדה קטנה, היא ראתה כמה שמחות היו חברותיה כשהייתה להן הזדמנות לבקר את הסבתות שלהן. יום אחד, שאלה תמר את אימא שלה אם אפשר שהדודה של אימא שלה תהיה הסבתא שלה. לתמר לא הייתה סבתא והיא יכלה לחוש את האהבה מהדודה של אימא.

אימא של תמר הציעה שהיא תלך לשאול את הדודה אם היא מעוניינת בזה. הדודה גרה בסביבה. תמר רצה לדודה לשאול אותה אם היא רוצה להיות סבתא שלה. תמר הייתה מאושרת כשהדודה אמרה כן!

בכל פעם שתמר ראתה את סבתא, היא כל כך שמחה לרוץ אליה ולשוחח. היא יכלה לדבר עם סבתא על כל דבר והיא תמיד הרגישה רצויה.

תמר אמרה לאימא שלה: "שיחה עם קשישים עוזרת לדעת יותר. סבתא חולקת איתי את מה שלמדה על הטבע. סבתא רואה איך כל דבר קשור – ואני מתכוונת לכל דבר! היא לוקחת את הזמן לשבת איתי כשיש לי מחשבות מודאגות או מכעיסות. היא מלמדת אותי שמחשבה היא מתנה רוחנית ושאני יכולה לבחור באיזו מחשבה להשתמש. אני לא חייבת לפעול על פי כל אחת מהן!"

"זו מתנת ההבנה, תמר!" אמרה אימה. היא יכלה לראות איך הזמן עם סבתא שלה עזר לתמר להיות שמחה. היא ראתה את זה בחיוך של תמר ובעיניה הנוצצות.

בבית ספר, תמר שמחה ליצור תמונה לסבתא. זה היה יום הולדתה ה-75 בסוף השבוע, ותמר רצתה לתת לה משהו מיוחד.

היא ציירה את סבתא כשהיא יושבת על כסא הנדנדה הגדול במרפסת, מרימה את עיניה אל השמיים בדיוק כשהשמש שוקעת. תמר ראתה אותה יושבת ככה פעמים רבות.

תמר הייתה גאה בציור שלה. זה באמת נראה כמו סבתה והצבעים בשמיים היו כה בוהקים. ואז, חברתה לכיתה נתקלה בכוס שהחזיקה את המכחולים והמים הרסו את הציור שלה! תמר הייתה נסערת. זה היה סוף יום הלימודים והיא חזרה הביתה כשהיא עצובה ומודאגת שלא תהיה לה מתנה. אבא של תמר הקשיב לסיפור שלה על מה שקרה ואמר: "למה שלא תלכי לסבתא ותספרי לה על זה? אני בטוח שהיא תבין. את יכולה להביא לה כמה פרחים מהגינה."

תמר נאלצה להודות שזה רעיון טוב. היא הלכה במורד הרחוב עם זר פרחים קטן וראתה את סבתה יושבת על המרפסת הקדמית שלה, משקיפה על שמי אחר הצהריים המאוחרים. מראה סבתה על הנדנדה במרפסת בדרך כלל גרם לתמר להרגיש מאושרת, אבל הפעם זה רק הזכיר לה את הציור ההרוס שלה והיא הרגישה אפילו יותר גרוע.

סבתה חייכה כשתמר התקרבה. "שלום לך," היא אמרה בחום. "איזה פרחים מקסימים! קטפת אותם בשבילי?"

תמר הנהנה והושיטה לסבתה את הפרחים, מבלי להביט בה. "תודה רבה לך," אמרה סבתא. "מה קורה היום?"

"התכוונתי לתת לך מתנה. ציירתי תמונה יפה שלך מסתכלת על צבעי השקיעה הרבים. ואז נשפכו מים על הציור וכל הצבעים התערבבו יחד. הוא נהרס!" ענתה תמר וכשאמרה את זה, הרגישה שוב נסערת.

סבתה טפחה על כסא הנדנדה הגדול והזמינה את תמר לשבת לידה. "כל כך יפה מצדך לצייר לי ציור. לעולם לא אשכח מתנה כל כך מיוחדת."

"אבל היא הרוסה!" חזרה על כך תמר.

סבתא אמרה בחמלה: "סיפרת לי על זה, אני יכולה לראות את זה בעיני רוחי. אני יודעת שיכול להיות לך חזון לתמונה נוספת."

"מה זה חזון, סבתא?" שאלה תמר.

"ובכן, את יודעת איך חשבת לצייר אותי ואת השקיעה, והייתה לך הרגשה לגבי זה ואז עלתה לך תמונה לראש? זה חזון. זו תמונה שמתגבשת בראש שלך." אמרה סבתא.

תמר ישבה בשקט והקשיבה לטבע והביטה בציפורים החגות גבוה בשמיים. השמש צצה מאחורי העננים. לתמר הייתה תובנה שהרגשות הטובים שלה הם כמו השמש, לפעמים הם התכסו במחשבות של דאגה. בדיוק כמו שענן חולף, כך גם מחשבה של דאגה! היא ידעה שתמיד יש סיכוי להרגיש רוגע שוב.

היא חשה אהובה כשישבה שם עם סבתה. היא תמיד חזרה מהביקורים האלה עם הבנה טובה יותר.

סבתה חיבקה את תמר. "אני מקבלת כל כך הרבה מהביקורים שלך, חומד. אני אוהבת שאת באה לבקר אותי."

עיניה של תמר נצצו. "גם אני, סבתא. שתינו נותנות ומקבלות וזה הופך את זה למעגל, נכון?"

"נכון, תמר, זה מעגל." ענתה סבתה. היא שמחה שהנכדה שלה לומדת כל כך הרבה על החיים וידעה שזה יעזור לתמר להבין את עולמה.

בדיוק אז היה לתמר חזון לתמונה חדשה. היא תצייר את סבתה ואת האנשים שהיא אוהבת במעגל, כשהשמש שוקעת מאחוריהם. היא קפצה, הסתובבה, חיבקה את סבתה ונשקה על לחייה. "אני צריכה ללכת, סבתא! בדיוק חשבתי על משהו שאני רוצה לעשות. שלום! אני אוהבת אותך."

"שלום! גם אני אוהבת אותך!"

מה אתם חושבים? בואו נדבר על זה:

נתינה וקבלה יוצרים מעגל

שימו לב! שתפו בצורה מכבדת, חשבו בצורה רחבה ועמוקה הכוללת נקודות מבט שונות וחפשו את התמונה הגדולה.

איפה הסיפור הזה פוגש אתכם? האם החוויה הזו דומה למשהו שקרה לכם?

הסיפור הזה מראה את ערך השיתוף. במה הסיפור משתף אותנו?

"בדיוק כמו שענן חולף, כך גם מחשבה על דאגה! היא ידעה שתמיד יש סיכוי להרגיש רוגע שוב." חשבו על מקרה בו שמתם לב לזה בחייכם.

תמר יודעת ש...

- יכולות להיות לכם מחשבות של דאגה לפעמים. אנשים אחרים יכולים להנחות אתכם פנימה אל הרגשות הרגועים שלכם, כמו שסבתא של תמר עזרה לה.

- אתם יכולים לעזור לעצמכם, כמו שעשתה תמר כשהייתה לה התובנה שהרגשות הטובים שלה הם כמו השמש.

- תמיד יש סיכוי להרגיש רוגע שוב.

- אפשר להרפות ממחשבות ישנות ולהיות פתוחים למחשבות חדשות.

- תובנות מועילות להכרת עצמנו ולהבנת עולמנו.

- נתינה וקבלה הופכים למעגל.

...עכשיו גם אתם יודעים!

22

למדו מילים עוצמתיות – זה כיף!

❖ "תמונה גדולה" – רעיון מרכזי
❖ חולקת - משתפת
❖ חזון – רעיון עם תמונה בראש, תמונה שעולה בדמיון
❖ לראות בעיני רוחי – לראות בדמיון
❖ מתגבשת – נוצרת, מתהווה
❖ סבתה – סבתא שלה
❖ רגוע - שקט, שָׁלֵו, נינוח
❖ רוחני – שאין לו צורה
❖ תובנה – הבנה חדשה מבפנים, ידיעה פנימית חדשה, חכמה פנימית

חשבו על מה שלמדתם וכתבו רשומת יומן...

השתמשו בשתי מילים מרשימת המילים העוצמתיות כשאתם כותבים על הרעיון מרכזי הזה:

נתינה וקבלה הופכים למעגל

שימו לב! השתמשו בגוף ראשון (אני...), כתבו מחשבות ורגשות. הראו תובנות והקשרים.

פעילויות שתוכלו לעשות...

ספרו את הסיפור...

שימו לב! לסיפור יש התחלה אמצע וסוף; היו מוכנים ומזומנים; הראו בטחון.

ספרו שוב את הסיפור על תמר עם בן/בת זוג. האחד יכול לספר את ההתחלה והחצי הראשון של אמצע הסיפור, השני יכול לספר את החצי השני של אמצע הסיפור ואת סוף הסיפור.

אתם יכולים גם לבחור לשתף את הסיפור בצורה אחרת.

הקשיבו אחד לשני; היו קשובים לרעיונות חדשים.

צרו יצירת אמנות ושתפו...

שימו לב! היו מקוריים ויצירתיים, השתמשו במרחב, השתמשו בצבעים ובחומרים שונים כיד הדמיון הטובה.

הכינו תמונה, סימניה, פסל, או מתנה אחרת למישהו במשפחה או בקהילה שלכם. איך הרגשתם לגבי הכנת המתנה?

להנאתכם!

הוסיפו כרטיס ברכה למתנה שהכנתם ותהינו מנתינת מתנת ההפתעה.

איך הרגיש מי שקיבל את המתנה שלכם?

פרק 4
לגלוש על הגל

קדימה הצטרפו!

חשיבה רבה מדי יכולה לכסות את המדריך הפנימי שלכם. רגשות מאפשרים לנו לדעת את זה!

1. אתם יכולים להיות מודעים באופן טבעי לרגשות שלכם.

2. קל להבחין כאשר הרגשות משתנים.

3. למדו "להפוך את הקערה" כך שמחשבות מועילות יוכלו ליצור רווחה נפשית.

סיפורו של קואה*

מה אתם כבר יודעים על איי הוואי?

קואה נולד באי מאווי בהוואי. הוא עשה את צעדיו הראשונים בחוץ תחת השמש החמה, על הדשא הרך בחצר האחורית של משפחתו. הוא היה תינוק שמח וחייכן, תמיד מוכן לחקור וללמוד ולטפס. הוא אהב ללכת לחוף עם משפחתו, לשחק בחול ולרוץ לתוך קצף הגלים הנשברים לחוף. חייו המוקדמים היו מלאים ברגשות יפים ושמחה.

לקואה היה אח בשם קימו, שהיה מבוגר ממנו בשנתיים. הם שיחקו יחד כל הזמן וקואה מאוד אהב והעריך את קימו. לפעמים, כשהם שיחקו משחק, קואה לא הבין את הכללים או עשה טעויות. קימו היה נעשה חסר סבלנות ואמר לאחיו הקטן: "לא, טיפש! ככה לא משחקים." זה קרה כל כך הרבה פעמים שקואה התחיל להאמין שהוא לא חכם במיוחד. המשחקים הפכו לפחות מהנים, מכיוון שהוא חשש מלטעות וזה התחיל להאפיל על רגשותיו היפים.

קואה התחיל לכעוס כשעשה טעויות ודודתו אמרה לו: "כדאי שתשגיח על המזג שלך." הוא שמע אותה מדברת עם אמו ואומרת: "לקואה יש מזג רע. אני חוששת שזה יסבך אותו." קואה האמין למה ששמע, ועכשיו הוא סחב את המחשבה שהוא בעל מזג רע ושהוא יסתבך בגלל זה. בכל פעם שהוא כעס, הוא חשב שזה בדיוק כפי שצריך להיות, בגלל המזג הרע שלו. הוא חשב שהמזג הרע שלו הוא עובדה ולא רק מחשבה, ולמרות שהוא ניסה לשלוט בו, הוא חש לעיתים קרובות שהוא לא יכול.

בבית ספר, המחשבה "אני לא כל כך חכם," הפריעה לקואה ללמוד. כמו עננים שמסתירים את השמש, היא כיסתה את התבונה הפנימית שלו. הוא כל כך חשש לטעות שהוא לא שמע את מה שהמורה אומרת. כשניסה לקרוא, הראש שלו היה עסוק מדי מכדי להתמקד באותיות ובמילים.

קואה התרגז לעיתים קרובות על חבריו בכיתה, ונהג כאילו היה לו מזג רע, מכיוון שהוא האמין שיש לו מזג רע. לא היו לו הרבה חברים כי הוא כעס כל כך. הוא גם כעס על עצמו, מכיוון שלא יכול היה לשלוט במצבו ומכיוון שלא קיבל ציונים טובים.

בשלב זה, רגשות השמחה היפים של קואה היו מכוסים רוב הזמן. הוא הרגיש שמח וחופשי רק כשהיה בחוף, כאשר היה שוחה באוקיאנוס ורוכב על הגלים אל החוף. דודו הראה לו כיצד לגלוש, לימד אותו לנקות את ראשו מכל מחשבה מפחידה

ולהפוך ל"אחד" עם הגל. זו הייתה הדרך היחידה להישאר על הגלשן. כמובן, כל אחד נופל לפעמים, ודודו של קואה דאג שקואה יבין זאת. "אין בושה בליפול!" הוא צחק. "כולם נופלים. אתה פשוט קם שוב ותופס את הגל הבא. תשכח מזה האחרון!"

יום שבת אחד, אחרי צהריים נפלאים של גלישה עם דודו, קואה אמר: "הלוואי שהייתי יכול פשוט לחיות בחוף ולגלוש כל יום, כל היום. אני שונא את בית הספר. אני טיפש מכדי ללמוד כל דבר שמלמדים שם ויש לי מזג נורא."

"מה?" עיני דודו נפקחו לרווחה. "אתה – טיפש? אין סיכוי. אתה גולש חכם. אתה צופה בגלים, יודע אילו לתפוס ומאילו להתעלם. לא יכולת לגלוש ככה לולא היית חכם. ו'מזג נורא?' מי אמר לך את זה? אני מעולם לא ראיתי אותך מתעצבן, אפילו כשאתה נופל ומסתבך בגלים."

קואה לא יכול היה להאמין למשמע אוזניו. האם דודו באמת חשב שהוא חכם? וכשחשב על זה, קואה הבין שהוא מעולם לא התעצבן כשהוא גולש. הוא פשוט נהנה ממה שעשה ולא היה אכפת לו לפול או לעשות טעות.

"אבל דוד, בית ספר כל כך שונה מגלישה," אמר קואה בעצב. "אני לא חכם בבית הספר."

"שטויות!" אמר דודו. "אותה אינטליגנציה שעוזרת לך לגלוש יכולה לעזור לך בלימודים שלך. היא ממש בתוכך, כל הזמן."

"ובכן, זה בטוח לא מרגיש ככה. אני מתעצבן כל כך בבית ספר כי אף פעם אין לי את התשובות הנכונות. כולם חושבים שאני טיפש."

"מחשבות כאלה הן מה שמונעות ממך ללמוד!" אמר דודו, כשהוא מושיט את ידו ומפזר את שיערו של קואה. "תן לי לספר לך סיפור. זה משהו שסבתא שלי סיפרה לי כשהייתי ילד קטן. היא שמעה אותו מסבא וסבתא שלה כשהייתה קטנה. זה סיפור על משהו חזק ועוצמתי בכל תינוק חדש שבא לעולם. ככה הסבירה סבתא שלי:

"כל ילד וילדה נולדים עם קערת אור בתוכם. קערת האור הזו לעולם לא יכולה להעלם. היא מלאה ב*אלוהה* (אהבה) וחכמה ויופי. כשהיא מאירה, אתה מרגיש טוב ויודע מה לעשות. כשילדים מתבגרים, הם מתחילים לחשוב יותר מדי על עצמם. הם עלולים להתחיל לחשוב שהם לא טובים כמו אחרים, או שהם לא חכמים, או שהם נמוכים מדי, או גבוהים מדי, או שאיש לא אוהב אותם. עכשיו, לכל אחד יש מחשבות כאלה מדי פעם ואם אתה חכם, אתה פשוט נותן למחשבה מסוג זה לעבור – כמו שאתה יודע שגל לא טוב לגלישה, אז אתה נותן לו לעבור ומחכה לגל טוב. יודע למה אני מתכוון?"

קואה הנהן בראשו.

"טוב. ובכן, אם אתה לא מרפה מהמחשבות השליליות האלה, אלא נאחז בהן במקום, זה כמו להכניס אבנים גדולות ואפורות לקערת האור שלך. אם תמלא את הקערה באבנים, מה אתה חושב שיקרה לאור?

קואה היה שקט לרגע; ואז אמר: "הוא יתכסה לגמרי."

"בדיוק!" חייך דודו. "עכשיו, אם אתה רוצה לראות את האור מאיר שוב, מה עליך לעשות? האם אתה צריך לקחת כל אבן, לסובב אותה שוב ושוב בידיך, להסתכל עליה, לנסות להיזכר איפה השגת אותה... או שאתה צריך פשוט להפוך את הקערה?" הוא עשה תנועה בידיו, כאילו הוא הופך קערה ושופך את הכל החוצה.

"*להפוך* את הקערה!" צעק קואה.

"כן, חומד. להפוך את הקערה. תשכח מכל האמונות שגורמות לך להרגיש פחות ממה שאתה, ותן לאור שלך להאיר."

דבריו של דודו, כה מלאים בחום ו*אלוהה*, עזרו לקואה להרגיש הרבה יותר טוב. הוא הרגיש ש"קערת האור" שבתוכו מאירה יותר והוא חייך. זה הפיח בו תקווה שהדברים יכולים להשתנות.

ביום שני, כשנכנס לכיתתו, קואה התחיל להרגיש את אותם רגשות רעים ישנים. הוא חשב כמה קשה תהיה העבודה ושהוא יענה שוב את כל התשובות הלא נכונות.

אולם הפעם, הוא נזכר במה שאמר דודו על לתת לגל לא טוב לעבור. הוא ידע באותו רגע ממש שיש לו הזדמנות להשתנות, והוא מצא את האומץ לנצל את ההזדמנות הזו. במקום לחשוב על כמה קשה תהיה העבודה, הוא אפשר לתודעה שלו להירגע ונזכר בקערת האור שבפנים. ברגע שעשה זאת, הוא התמלא בתחושה נפלאה. פתאום הוא ידע שהוא יכול ללמוד.

הבוקר הזה היה הבוקר הטוב ביותר שהיה לקואה אי פעם בבית ספר. התודעה שלו הייתה מספיק שקטה בכדי לשמוע את דברי המורה, והוא אפילו הרים את ידו כדי לענות על שאלות. כשהתקשה בבעיה בחשבון, במקום להתעצבן או לוותר, הוא הרים שוב את ידו והמתין בסבלנות עד שהמורה תגיע אליו. כשהיא שאלה אותו שאלות מנחות, הוא גילה כיצד לפתור את הבעיה!

בהפסקה, קואה הצטרף למשחק כדורגל עם כמה מחבריו לכיתה וכאשר קיבל פסילה, הוא לא כעס כלל. הוא הרגיש כל כך מלא ב*אלוהה* ובטוב לב שהוא לא רצה לפגוע ברגשות של אף אחד. חבריו לכיתה הופתעו עד כמה נחמד הוא היה, והם נעשו יותר נחמדים אליו.

שאר היום התנהל טוב באותה מידה. קואה מצא משהו בעל ערך רב שיעזור לו להמשך חייו. מאז, הוא הבין שלא משנה מה מישהו יגיד ולא משנה אילו מחשבות מוטעות עלולות לצוץ בראשו, יש בתוכו אור רוחני מלא אהבה, תבונה ויופי.

בכל פעם שהיה במצב רוח ירוד או התייאש או התרגז, הוא ידע שרק המחשבות שלו הן שיוצרות את הרגשות וכי עמוק בפנים, יש לו תשובה טובה יותר. כשהיה מוכן, הוא יכול היה להפוך את הקערה, לזרוק את האבנים האפורות האלה, ולאפשר לאור שלו להאיר.

---

*"קערת האור המושלמת" הוא סיפור הוואי עתיק מאד שהועבר מ"קופונה" (סבים או זקני השבט) לילדים במשך דורות כדי לעזור להם לחיות חיים מאושרים. הסיפור מופיע בספר שנקרא "***סיפורי הקשת הלילית***" מאת קוקו ווליס ופאלי ג'ה לי, עמודים 18-19.

מה אתם חושבים? בואו נדבר על זה:
כל ילד וילדה נולדים עם "קערת אור" מלאה באלוהה וחכמה.

שימו לב! שתפו בצורה מכבדת, חשבו בצורה רחבה ועמוקה הכוללת נקודות מבט שונות וחפשו את התמונה הגדולה.

איפה הסיפור הזה פוגש אתכם? האם החוויה הזו דומה למשהו שקרה לכם?

תארו מצב בו יש לכם מחשבה זועמת או מודאגת ואתם מאפשרים לה לחלוף.

"אני טיפשה." אף אחד לא אוהב אותי." "אני לא מצליח להבין."
האם שמעתם פעם מישהו אומר משהו כזה? איזו ברירה יש לאדם כזה?

איך אתם יכולים לגרום ל"קערת האור" שלכם להאיר שוב?

31

קואה יודע...

• כל ילד נולד עם קערת זהב מלאה באלוהה וחכמה.

• כשיש לכם מחשבה על פחד, דאגה או כעס, אתם יכולים להפגין אומץ.

• אתם יכולים לאפשר לתודעה שלכם להתבהר בכך שאתם מאפשרים למחשבה לחלוף כמו גל.

• שימו לב שאתם יכולים "להפוך את הקערה!"

• זה מוביל לפעולות משמחות... ולהצלחה!

...עכשיו גם אתם יודעים!

למדו מילים עוצמתיות – זה כיף!

❖ אומץ – האפשרות להתמודד עם פחד, כוח
❖ אלוהה – אהבה (אלוהה היא מילה האוואית)
❖ הולי – להפוך (הולי היא מילה הוואית)
❖ כראות עיניכם – כמו שאתם רואים או חושבים על זה
❖ מזג – אופי, מצב רוח, מצב נפשי (כעוס או רגוע)
❖ סבלנות – רוגע
❖ שמחה – אושר
❖ תבונה – חכמה פנימית, אינטליגנציה פנימית

חשבו על מה שלמדתם וכתבו רשומת יומן...

השתמשו בשתי מילים מרשימת המילים העוצמתיות כשאתם כותבים על הרעיון מרכזי הזה:

כל ילד וילדה נולדים עם "קערת אור" מלאה באלוהה וחכמה.

שימו לב! השתמשו בגוף ראשון (אני...), כתבו מחשבות ורגשות. הראו תובנות והקשרים.

פעילויות שתוכלו לעשות...

כתבו את מחשבותיכם...

שימו לב! הראו עומק מחשבה, הוסיפו פרטים והיו ברורים.

עם בן/בת זוג, כתבו סיפור חדש על מישהו שלומד על "קערת האור." החליטו מי ילמד על "קערת האור" בסיפור שלכם. הפכו את הסיפור לשלכם. צרו את הרקע בהווה, בעולם שלכם ושנו את רעיונות הסיפור.

ספרו מחדש את הסיפור על קואה...

שימו לב! לסיפור יש התחלה אמצע וסוף; הצטרפו, היו מוכנים ומזומנים והראו בטחון.

ספרו שוב את הסיפור יחד עם בן/בת זוג. האחד יכול לספר את ההתחלה והחצי הראשון של אמצע הסיפור, השני יכול לספר את החצי השני של אמצע הסיפור ואת סוף הסיפור.

או שתשתפו את הסיפור בדרך אחרת, כראות עיניכם.

הקשיבו אחד לשני; היו קשובים לרעיונות חדשים.

צרו יצירת אמנות...

שימו לב! היו מקוריים ויצירתיים, השתמשו במרחב, השתמשו בצבעים ובחומרים שונים כיד הדמיון הטובה.

ציירו וצבעו את "קערת האור" שלכם.

עוד יצירת אמנות...

שימו לב! היו מקוריים ותנו לרעיונות חדשים לעלות, היו מיוחדים.

צרו את "קערת האור" שלכם מחימר. אל תשכחו את "האבנים"!

להנאתכם

הסתכלו דרך קלידוסקופ. סובבו את הקלידוסקופ ושימו לב כיצד הוא משנה את מה שאתם רואים. אותו דבר נכון לגבינו. כשאתם מרגישים רציניים, העולם נראה רציני. סובבו את הקלידוסקופ. כשיש לכם דאגות, העולם מרגיש ונראה לא בטוח. סובבו שוב את הקלידוסקופ. כשאתם מרגישים מאושרים, העולם נראה יפה. לכל אחד מאיתנו עולם משלו שאנו רואים במו עינינו!

מאיפה הרגשות שלכם מגיעים? מהקלידוסקופ של המחשבות שלכם. כשאתם מבחינים במחשבה חדשה, ההרגשה משתנה. כך תובנות – מחשבות מועילות שצצות משום מקום אל תוך הראש שלנו מהחוכמה הפנימית שלנו – יכולות לעזור לנו!

פרק 5
חברות זה הדבר
הטוב ביותר

קדימה הצטרפו!

הידיעה מתי "לעצור, לחכות, ללכת" – עושה את כל ההבדל.

1. חברים משתמשים במדריך הפנימי שלהם כדי לבחור יחד.

2. חברים הפועלים מחשיבה רגועה מראים הבנה וטוב לב.

3. חברים יודעים שהם יכולים לשנות את דעתם.

סיפור הסימנים

דמיינו בראש

עופר ישב בכיתה וקרא כאשר עיפרון התגלגל משולחנו לרצפה. שחר, שישב לידו, הרים את העיפרון והניח אותו על השולחן שלו. עופר לחש לשחר: "זה שלי, תחזיר לי אותו."

שחר רק צחק ולחש: "אני מצאתי, זה שלי."

"תחזיר אותו, עכשיו!" עופר לחש חזק יותר. פניו התחממו והוא התחיל לכעוס.

שחר עדיין חייך, וענה: "תגרום לי!"

עופר הושיט את ידו ותפס את העיפרון, אך שחר חטף אותו והחזיק אותו באוויר, מחוץ להישג ידו. עופר קם ממקומו ותפס בזרועו של שחר ובשלב זה חבריהם לכיתה הבחינו במהומה.

"הי, שחרר את היד שלו," אמרו החברים לכיתה.

"הוא לקח את העיפרון שלי!" קרא עופר, אך שחרר את זרועו של שחר.

"לא נכון!" אמר שחר. "מצאתי אותו על הרצפה." הוא החזיר את העיפרון לשולחן של עופר. "הנה – אתה יכול לקבל את זה, תינוק שכמותך."

זה גרם לעופר לכעוס עוד יותר. הוא הרגיש ששחר צריך לשלם על זה. הוא נתן בשחר מבט זועם והחליט שהוא יחזיר לו, איכשהו.

סיפור הסימנים: משחק חוזר

נחשו כיצד השידור החוזר של הסיפור יהיה שונה.

עופר ישב בכיתה וקרא, כאשר עיפרון התגלגל משולחנו לרצפה. שחר, שישב לידו, הרים את העיפרון והניח אותו על השולחן שלו. עופר לחש לשחר: "זה שלי! תחזיר לי אותו!"

שחר רק צחק ולחש, "אני מצאתי, זה שלי."

עופר התחיל להרגיש שפניו מתחממות והוא התחיל לכעוס. הוא נזכר במשהו שלמד בבית הספר – שרגשות כעס הם סימן לעצור ולאפשר לתודעה שלך להתבהר. הוא פנה הלאה משחר, הסתכל מבעד לחלון בגשם היורד על הדשא והעצים שבחוץ והוא שוב הרגיש רגוע. הוא שכח מהעיפרון בינתיים – הוא לא השתמש בו ברגע זה בכל מקרה – וחזר לקרוא.

שחר דווקא חיבב את עופר ורצה להיות חבר שלו. הוא חשב שאם ישתעשע ויעמיד פנים שהוא גונב את העיפרון של עופר, עופר יחשוב שזה מצחיק. כשעופר התעלם ממנו ופשוט הביט מהחלון, שחר הבין שטעה והחזיר את העיפרון אל שולחנו של עופר.

עופר הרגיש רגוע בשלב זה והוא חייך אל שחר כשהחזיר את העיפרון. עכשיו הוא הבין ששחר לא באמת התכוון לקחת לו את העיפרון. אולי זו הייתה רק הדרך היחידה שהוא יכול היה להעלות בדעתו לנסות ולהיות חברותי. עופר החליט לשאול את שחר אם הוא רוצה לבוא אליו אחרי הלימודים.

מה אתם חושבים? בואו נדבר על זה:
אתם יכולים לקבל החלטה בריאה וליצור חברות טובה.

שימו לב! שתפו בצורה מכבדת, חשבו בצורה רחבה ועמוקה הכוללת נקודות מבט שונות וחפשו את התמונה הגדולה.

איפה הסיפור הזה פוגש אתכם? האם החוויה הזו דומה למשהו שקרה לכם?

בשידור החוזר של סיפור הסימנים, במה נזכר עופר שעשה את כל ההבדל?

כשאתם מתחילים להרגיש כעס, עצרו ואפשרו לתודעה שלכם להתבהר. חכמה פנימית מראה את הבחירה שיש לכם כדי לפתור את הבעיה בשלום.

רמזור **אדום**... **עצרו** כשאתם כועסים!
רמזור **כתום**... מה הוא מאפשר לכם?
רמזור **ירוק**... נרגעתם... **קדימה** המשיכו הלאה!

חשבו על מצב בו כדאי לזכור את הרמזור.

אתם יכולים לשנות את דעתכם ולהחליט כיצד להמשיך. אתם יכולים לבחור באיזו מחשבה להשתמש.

זה הגיוני לפעול על פי המחשבות הטובות!

חשבו על מה שלמדתם וכתבו רשומת יומן...

כתבו שני רעיונות טובים על התחלת חברות.

שימו לב! השתמשו בגוף ראשון (אני...), כתבו מחשבות ורגשות. הראו תובנות והקשרים.

אפשר לשנות דעה: סיפור

קשרו בין מה שאתם קוראים לבין מה שאתם כבר יודעים!

שי ועדי הן חברות הכי טובות. הן יושבות יחד בארוחת צהריים ומשחקות יחד בגן המשחקים. יום אחד בבית ספר, ילדה חדשה בשם מיקה הצטרפה לכיתה. שי רואה את עדי מחייכת למיקה וידידותית אליה.

שי מתחילה לדאוג שאם עדי ומיקה יתיידדו, היא תישאר בחוץ. היא זוכרת שכשהייתה צעירה יותר, חברות הוציאו אותה מחוץ למעגל החברות והיא חוששת שזה יקרה שוב.

שי עסוקה במחשבות ומרגישה חוסר ביטחון. כשתורה לקרוא, היא לא יודעת מאיפה להתחיל כיוון שכל הזמן היא חושבת רק על הדאגות שלה. המחשבות שלה נהיות עוד יותר נסערות.

בזמן ארוחת צהריים, היא ועדי יושבות יחד ומיקה צועדת לעברם. שי אומרת לעדי: "אל תתני לה לשבת איתנו. היא רק תנסה להתערב ולקלקל את הכיף שלנו." היא מניחה את הסוודר שלה על הכיסא הריק ואומרת למיקה: "את לא יכולה לשבת כאן. הכיסא שמור."

מיקה נראית עצובה והולכת. שי צוחקת ואומרת לעדי: "את לא חושבת שהיא סוג של תינוקת?" עדי חשה חמלה כלפי הילדה החדשה. היא מופתעת ששי מתנהגת בכזאת רשעות, כי שי בדרך כלל נחמדה וכיף להיות בסביבתה. ואז היא נזכרת: בבית ספר היא לומדת שכשאנשים מתנהגים בדרכים פוגעניות, זה מכיוון שהחשיבה שלהם מבולבלת.

עדי מבינה שאולי שי חושבת מחשבות מפוחדות ומרגישה לא בטוחה. היא אומרת: "לך ולי יש כזה מזל שאנו חברות. הילדה החדשה כנראה עצובה מכיוון שהיא עדיין לא מכירה אף אחד. אנחנו יכולות לחלוק איתה את תחושת השייכות."

שי מרגישה טוב יותר כשעדי כל כך נחמדה אליה. היא מתחילה לראות איך מיקה בוודאי מרגישה. בשלב זה, לשי יש בחירה. היא יכולה לאחוז בזיכרון הרע בו היא הוצאה מחוץ למעגל החברות כשהייתה צעירה יותר או להרפות מהזיכרון. יש לה אומץ לבחור בחכמה והיא קוראת לילדה החדשה: "היי, מיקה! הכיסא למעשה לא שמור. בואי שבי איתנו!"

אגב... זו הייתה התחלה של חברות נפלאה בין שלוש הבנות האלה!

מה אתם חושבים? בואו נדבר על זה...

אנו יכולים לקבל החלטות בריאות וליצור חברויות טובות ולשמור עליהן.

שימו לב! שתפו בצורה מכבדת, חשבו בצורה רחבה ועמוקה הכוללת נקודות מבט שונות וחפשו את התמונה הגדולה.

איפה הסיפור הזה פוגש אתכם? האם החוויה הזו דומה למשהו שקרה לכם?

היה עוזר לשי לדעת: "תמיד סלקו זיכרונות רעים מהעבר השוכנים בליבכם... אם תוכלו לשמור על התודעה שלכם נקייה ממחשבות שליליות, מצב שכזה ימלא את ליבכם בשמחת חיים..." (7) דברו על הדרך בה זה יכול לעזור גם לכם.

הילדים האלה יודעים...

- רמזור **אדום**... **עצרו** כשאתם כועסים!

- רמזור **כתום**... מה הוא מאפשר לכם?

- רמזור **ירוק**... נרגעתם... קדימה המשיכו הלאה!

- קל להתחיל חברויות חדשות כאשר אתם מסבירי פנים.

- קל לשמור על חברויות בריאות כשאתם ידידותיים וחביבים.

...עכשיו גם אתם יודעים!

למדו מילים עוצמתיות – זה כיף!

❖ הסתכל מבעד – הסתכל דרך
❖ העלה בדעתו – חשב
❖ התבהר – נעשה ברור יותר ומובן יותר
❖ זעם – כעס גדול ורוגז רב, שלעיתים גורמים לאדם לנהוג באלימות
❖ חוסר בטחון – חוסר אמונה של אדם ביכולת שלו להתמודד בהצלחה עם מצבים שונים
❖ חמלה – רגש של רחמים ואהדה, רגש של השתתפות בצערו של מישהו אחר
❖ כעס - רוגז
❖ מהומה – בלגן, התפרעות, השתוללות
❖ פוגעני – מעליב, פוגע מבחינה רגשית
❖ פנה הלאה – הלך משם
❖ תחושת שייכות – הרגשת חלק מ-

חשבו על מה שלמדתם וכתבו רשומת יומן...

השתמשו בשתי מילים מרשימת מילות הכוח כשאתם כותבים על הרעיון מרכזי הזה:

אנחנו יכולים לקבל החלטות טובות וליצור חברויות בריאות ולשמור עליהן.

שימו לב! השתמשו בגוף ראשון (אני...), כתבו מחשבות ורגשות. הראו תובנות והקשרים.

43

פעילויות שתוכלו לעשות...

שתפו...

שימו לב! היו מוכנים ומזומנים, ספרו רעיונות בצורה ברורה, היו בטוחים.

מה הופך חברות לבריאה? איך אתם יכולים לשמור על חברות בריאה?

צרו פוסטר...

שימו לב! שתפו מידע, היו צבעוניים, השתמשו במרחב, היו מדויקים.

הכינו פוסטר לילדים צעירים יותר על יצירת חברויות בריאות ושמירה עליהן. כללו את הכותרת "חברות זה הדבר הטוב ביותר" ועוד שניים או שלושה רעיונות טובים.

להנאתכם!

למדו משחק פעיל שכל הקבוצה יכולה לשחק בהפסקה. שחקו יחד ותעשו חיים!

**פרק 6
תובנה עושה
את כל ההבדל!**

קדימה הצטרפו!

דעו מי ומה אתם. יש לכם רווחה נפשית בפנים.

1. סמכו על כך שיש לכם רווחה נפשית אישית בפנים.

2. אתם יכולים לקבל תמיכה ולבחור בחירות בריאות בכל עת.

3. תוכלו לחוות רווחה נפשית על-ידי תשומת-לב לתובנות שלכם.

סיפורו של רן

הרהרו בשינוי שחל ברן!

אבא של רן נתן לו סקטבורד ליום הולדתו. רן למד איך להשתמש בו והתרגל אליו במהירות! ליד בית הספר היה פארק סקטבורד. כל יום, בהפסקה, בארוחת צהריים ואחרי הלימודים, רן חבש את הקסדה שלו, את רפידות הברכיים והמרפקים וגלש על הסקטבורד שלו בפארק.

אפילו הילדים הגדולים נדהמו לראות את רן מחליק כל כך טוב. הוא נהג לגלוש במעלה הרמפה המעוקלת, מסתובב באוויר בחלקה העליון ויורד למטה, כשהוא גורם לזה להיראות כל כך קל! הוא אהב את תחושה התנועה המהירה וכשהלוח שלו הסתחרר באוויר, הוא הרגיש שהוא טס! רן אהב להחליק על הסקטבורד יותר מכל דבר אחר. לפעמים היו תחרויות בפארק ורן הגיע ראשון בקבוצת הגיל שלו. כמה מחבריו של רן מבית הספר גם גלשו על סקטבורד והם ביקשו ממנו ללמד אותם טריקים. הוא שמח להראות להם. "ילדים ממש מחבבים אותי כי אני כל כך טוב בזה," הוא חשב.

יום אחד הצטרף ילד חדש בשם ברק לכיתה של רן, והוא הגיע לפארק. ברק היה קטן מרן. היה לו סקטבורד בצבעים בוהקים. רן חייך ונופף אליו, ברק נופף חזרה. עד מהרה שניהם גלשו על הרמפות. רן הופתע לראות שברק יכול לעשות כל כך הרבה טריקים. הוא אפילו עשה המון דברים חדשים שרן מעולם לא ראה לפני כן. הילדים האחרים בפארק הפסיקו לגלוש כדי לצפות בברק. וגם רן עשה זאת.

ואז, קרה דבר מוזר. רן התחיל להרגיש רעד ובחילה בבטן וכבר לא התחשק לו לגלוש יותר. הוא הרים את הלוח שלו ויצא לאט לאט מהפארק, לעבר הבית.

סבא של רן עבד במטבח כשהביט דרך החלון וראה את רן מגיע. "כבר בבית?" הוא שאל, כשרן נכנס בדלת.

רן מלמל תשובה והלך לסלון.

סבא שלו הלך אחריו. הוא התיישב לצד רן על הספה וצפה אתו בתוכנית בטלוויזיה במשך זמן מה. לאחר מכן, הוא פנה לרן ושאל: "אז איך היה היום בפארק?"

רן שתק לרגע ואז פנה לסבו ואמר: "סבא, יש ילד חדש בבית ספר שהגיע לפארק. הוא בכיתה שלי אז הוא בגילי או אולי אפילו צעיר יותר, והוא גולש יותר טוב ממני!" כשדיבר, הוא חש נסער והסב את מבטו במהירות.

"אה, אז זהו זה!" סבא צחק בעדינות. "כולנו מרגישים קצת נסערים לפעמים," הוא אמר. "אבל רק בגלל שמישהו יכול לגלוש קצת יותר טוב ממך, זה לא מוריד ממך שום דבר!"

"אתה לא מבין!" רן צעק. "הוא ינצח עכשיו בכל התחרויות, ואף אחד כבר לא יחשוב שאני מיוחד. לא יהיו לי חברים!"

"רן, להיות חבר זה יותר מאשר להיות גדול במשהו ולנצח בתחרויות! החברים שלך אוהבים אותך מכיוון שאתה מסביר פנים, אתה עוזר להם לגלוש וגם כיף להיות איתך! מי ומה שאתה באמת בפנים – זה מה שקובע," אמר סבא בחמלה.

רן פנה מסבא ובהה במופע. כל מה שהוא יכול היה לחשוב עליו היה כמה טוב הילד החדש היה על הרמפות, ואיך כולם עצרו להתבונן בו. רן החליט שהוא לעולם לא יחזור לפארק.

למחרת היה יום שבת. רן התעורר וחשב שזה יום טוב לגלישה. ואז ליבו צנח כשהוא נזכר – הוא החליט לא לגלוש יותר. רן הביט בשמש הזורחת מבעד לחלון ואז צצה בראשו מחשבה נוספת. "רק בגלל שמישהו אחר יכול לגלוש טוב יותר, זה לא מוריד שום דבר ממך! מי ומה שאתה באמת בפנים – זה מה שקובע!"

עכשיו, רן הרגיש שהמילים החכמות האלה היו נכונות. הוא הרגיש הרבה יותר טוב! רן קפץ ממיטתו, השליך עליה את השמיכה והלך לאכול ארוחת בוקר.

"בוקר טוב, רן!" אמר סבא, שכבר ישב ליד השולחן ואכל דייסת שיבולת שועל. "הולך לאנשהו?"

"לגלוש על הסקטבורד!" ענה רן. "ברגע שאסיים לאכול." סבא חייך. בדיוק אז נשמעה דפיקה בדלת.

"אני אפתח," אמר סבא.

הוא פתח את הדלת וראה את חברו של רן, אמיר, ואת הילד החדש, ברק, עומדים עם הסקטבורד שלהם. "מותר לרן לבוא איתנו?"

"תוך רגע!" רן קרא אליהם. הוא סיים את ארוחת הבוקר, לקח את הסקטבורד שלו ואת ציוד הבטיחות ויצא. "להת' סבא... ותודה!"

"בבקשה, חומד!" צחקק סבא. "תעשה חיים!"

מה אתם חושבים? בואו נדבר על זה:
מי ומה שאתם בפנים – זה מה שקובע!

שימו לב! שתפו בצורה מכבדת, חשבו בצורה רחבה ועמוקה הכוללת נקודות מבט שונות וחפשו את התמונה הגדולה.

איפה הסיפור הזה פוגש אתכם? האם החוויה הזו דומה למשהו שקרה לכם?

איזה הבדל יכול לעשות יום אחד! לפעמים שנת לילה טובה משנה את האופן בו אתם רואים דברים. כאשר אתם מאפשרים לתודעה שלכם להתבהר, תובנה עוזרת לכם לבחור בחירות טובות.

רן יודע

- מי ומה שאתם בפנים - זה מה שקובע!
- כל אחד יכול ללמוד ולהיות טוב במשהו מבלי שזה ייקח מאיתנו דבר.
- תובנות עוזרות לנו לעשות בחירות טובות.

... עכשיו גם אתם יודעים!

למדו מילים עוצמתיות – זה כיף!

❖ השליך - זרק
❖ ליבו צנח – ליבו החסיר פעימה, נבהל, הרגיש לפתע רע
❖ מלמל – דיבר באופן לא ברור, 'בלע' את המילים או לחש אותן
❖ מסביר פנים – חברותי, ידידותי, טוב מזג
❖ נסער – לא שקט; נרגש; שיש בו סערת נפש
❖ בחמלה – באכפתיות
❖ לרכוש מיומנות – ללמוד ידע, ללמוד איך להשתמש ולתפעל

חשבו על מה שלמדתם וכתבו רשומת יומן...

השתמשו בשתי מילים מרשימת המילים העוצמתיות כשאתם כותבים על הרעיון מרכזי הזה:

מי ומה שאתם בפנים – זה מה שקובע.

שימו לב! השתמשו בגוף ראשון (אני...), כתבו מחשבות ורגשות. הראו תובנות והקשרים.

פעילויות שתוכלו לעשות...

כתבו את המחשבות שלכם...

שימו לב! הראו עומק מחשבה, הוסיפו פרטים והיו ברורים.

קראו על פעילות או מיומנות שאתם רוצים ללמוד או על כזו שאתם כבר לומדים עכשיו. כתבו מה נדרש כדי ללמוד את הפעילות ולדעת איך לעשותה היטב. מה הופך את הלמידה לכיפית עבורכם?

צרו יצירת אמנות...

שימו לב! היו מקוריים ויצירתיים, השתמשו במרחב, השתמשו בצבעים ובחומרים שונים כיד הדמיון הטובה.

הסתכלו על תמונות המראות את הפעילות או המיומנות שכתבתם עליה למעלה. ציירו תמונה של הפעילות או המיומנות ותנו לתמונה כותרת.

להנאתכם!

למדו לשחק את משחק 'סבתא סורגת' (או כל משחק אחר) בצורה מושלמת. למדו את המשחק היטב ולמדו מישהו אחר לשחק.

אתם יודעים שמי שאתם בפנים זה מה שקובע; ולכן, קל יותר ליהנות תוך כדי למידה ורכישת מומחיות.

**פרק 7
גלגלי הלמידה
ממשיכים
להסתובב**

קדימה הצטרפו!

למדו לזהות את מצבכם הנפשי. הכירו אותו לפי ההרגשה בה אתם נמצאים.

1. אם תמקדו את תשומת ליבכם, תהיו מודעים לשינויים ברגשות שלכם.

2. המשמעות היא שאתם מקשיבים באופן טבעי למדריך הפנימי שלכם.

3. תובנות מועילות משפרות את הרגשות ואת המוטיבציה הטבעית שלכם.

הסיפור של ליאורה

נחשו מה תלמדו!

פעם הייתה ילדה בשם ליאורה שאהבה את החיים. היא ראתה את עולמה כגן שעשועים שרק מחכה להתגלות. בקיץ, היא אהבה לשיר ולנגן כל היום. היא הייתה מרימה את עיניה לעננים ומדמיינת דברים. היא נהנתה לחפש דגמים בטבע בזמן שהיא שיחקה.

ליאורה אהבה שיש כל כך הרבה ללמוד והיא אפילו למדה לפתור בעיות קשות. גלגלי הלמידה שלה ממש הסתובבו! החיים היו קלים עבורה! היא חשה שמחה בחייה כשלמדה עם חברים, וגם כשלמדה בכוחות עצמה.

ליאורה הכירה אנשים שרצו ללמד אותה על החיים. לכולם היו רעיונות שונים מאד. בן דודה היה רציני והוא חשב שזו הדרך היחידה להיות. הוא אמר לליאורה שהיא צריכה "להפשיל שרוולים" ולהיות רצינית לגבי הלימודים. אחותה של ליאורה דאגה לעיתים קרובות "שאין מספיק זמן". כששמעה את אחותה דואגת, התחילה ליאורה לחשוב שזו הייתה הדרך להיות.

אחיה אמר: "תחשבי על עצמך. שימי את עצמך קודם!"

חבריה אמרו: "תחשבי ככה! תתנהגי ככה!"

כשליאורה התחילה להאמין למה שכולם אמרו לה, היא אכן התחילה להיות רצינית. היא אכן התחילה לדאוג. היא אכן התחילה לחשוב רק על עצמה. היא מצאה את עצמה חושבת, חושבת וחושבת. היא חשה שגלגלי הלמידה שלה מאטים. היא התחילה לדאוג: "האם אני עושה את זה נכון?" היא חשה אומללה.

יום אחד ליאורה הייתה בחוץ עם אימה, משחקת עם אחיה התינוק שהיה בבריכת הילדים. ליאורה החזיקה את ברווז הגומי מתחת למים ואז הרפתה ממנו. התינוק התחיל לצחקק כשברווז הגומי המשיך לצוץ מתוך המים.

לפתע, ליאורה שוב התמלאה ברגשות שמחים. עם חזרת הרגשות הללו הייתה לליאורה תובנה: רגשות שמחים יכולים לצוץ בכל עת. היא אמרה: "אמא, בדיוק עכשיו הבנתי שאני יכולה להיות מאושרת. בדיוק כמו שברווז הגומי ממשיך לצוץ

למעלה, האושר שלי ממשיך לצוץ!"

ליאורה הביטה בעיניה הטובות של אימה שאמרה: "כן, רגשות טובים נמצאים בתוך כל אחד מאיתנו. כשאת עושה שימוש טוב בהיגיון הפשוט שלך, את מרגישה טוב. כאשר את מקשיבה כל כך הרבה לאנשים אחרים, את עלולה להתבלבל. ואז, עדיף לעצור ולתת לתודעה שלך להתבהר." אימה שרה מנגינה קטנה: "המדריך הפנימי שלי עוזר לי להחליט! לכן... רק אם המחשבה היא מועילה, אותה אני אשליט!" ורקדה במעגל. עכשיו גם התינוק וגם ליאורה צחקקו.

ליאורה עצרה והניחה לתודעה שלה להתבהר והייתה פשוט שקטה. היא העיפה מבט בעננים ואז על אחיה הקטן הצוחק. שוב היו לה רגשות שמחים. היא הייתה נרגשת מהתובנה שלה, מזה שגלגלי הלמידה שלה ממשיכים להסתובב!

ליאורה הייתה אסירת תודה על החיים. היא הבינה שהיא יכולה לסמוך על ההיגיון הפשוט שלה. ליאורה שרקה מנגינה שמחה ואז שרה: "המדריך הפנימי שלי עוזר לי להחליט! לכן... רק אם המחשבה היא מועילה, אותה אני אשליט!"

מה אתם חושבים? בואו נדבר על זה:
"לפעמים רק המחשבות שלנו הן שהופכות אותנו לאומללים ולו רק היינו מסוגלים להבין... זה היה עוזר לנו להרגיש טוב." (8)

שימו לב! שתפו בצורה מכבדת, חשבו בצורה רחבה ועמוקה הכוללת נקודות מבט שונות וחפשו את התמונה הגדולה.

איפה הסיפור הזה פוגש אתכם? האם החוויה הזו דומה למשהו שקרה לכם?

חשבו על זמן ששמתם לב שגלגלי הלמידה שלכם מסתובבים באמת.

ליאורה יודעת...

- לפעמים רק המחשבות שלנו הן שגורמות לנו לאומללות.

- "המדריך הפנימי שלי עוזר לי להחליט!"

- כשאתם מבולבלים – הכי טוב לתת לתודעה להתבהר.

- אושר נמצא בתוך כל אחד מאיתנו והוא ממשיך לצוץ.

- בטחו בשכל הישר.

- הלמידה קלה יותר כשאתם חשים שמחה בחיים.

...עכשיו גם אתם יודעים!

למדו מילים עוצמתיות – זה כיף!

- ❖ אסיר תודה – מודה, מכיר טובה, מלא הכרת-תודה
- ❖ היגיון פשוט – היגיון בריא; שכל ישר
- ❖ החלטה – בחירה, הכרעה
- ❖ העיפה מבט – הציצה, הביטה לרגע קצר
- ❖ הרפה – הפסיק להחזיק בו, שחרר
- ❖ להפשיל שרוולים – לקפל או להרים שרוולים [כביטוי – להתחיל לעבוד]
- ❖ להשליט – לקבוע, להנהיג [לעשות את המחשבה שליטה]
- ❖ להתעלם – לא לשים לב, לא להתייחס, לא להגיב
- ❖ מוטיבציה – רצון, הנעה, דחף
- ❖ מסביר פנים – חברותי, נחמד, לבבי, סימפטי
- ❖ מצב נפשי – הרגשה, מצב רוח, הלך רוח

חשבו על מה שלמדתם וכתבו רשומת יומן...

השתמשו בשתי מילים מרשימת מילות הכוח כשאתם כותבים על הרעיון מרכזי הזה:

"לפעמים רק המחשבות שלנו הן שהופכות אותנו לאומללים

ולו רק היינו מסוגלים להבין... זה היה עוזר לנו להרגיש טוב." (8)

שימו לב! השתמשו בגוף ראשון (אני...), כתבו מחשבות ורגשות. הראו תובנות והקשרים.

פעילויות שתוכלו לעשות...

כתבו שיר...

שימו לב! הראו עומק מחשבה, היו מאורגנים, השתמשו בשפה תיאורית, צרו אווירה.

כתבו שיר על "מחשבה". רעיונות לדוגמא:

- מחשבה היא כמו זרע...
- מחשבה היא מתנה...
- למחשבה כשלעצמה אין חיים משלה...
- אתם בוחרים באיזו מחשבה להשתמש...
- פעלו על פי המחשבות הטובות...

קשטו את שירכם ופרסמו אותו. הציגו אותו להנאת אחרים.

דקלמו את השיר...

שימו לב! היו מוכנים, היו מדויקים, דברו בצורה ברורה, היו בטוחים.

למדו את השיר שלכם בעל-פה ודקלמו אותו בפני הקבוצה.

צרו יצירת אמנות...

שימו לב! היו מקוריים ויצירתיים, השתמשו במרחב, השתמשו בצבעים ובחומרים שונים כיד הדמיון הטובה.

צרו תמונה להמחשת השיר שכתבתם. תנו לתמונה את אותה הכותרת כמו לשיר.

להנאתכם!

נפחו בלון, אל תקשרו אותו, ואז שחררו את האוויר! האוויר חורק, שורק, נושף.... איך זה דומה לחשיבה שלך?

כשאתם לא מתמקדים במחשבה, היא פשוט מתפוגגת. למחשבה לכשעצמה אין חיים משלה!

פרק 8
אתם פלא!

קדימה הצטרפו!

הסתכלו על עצמכם! ראו כמה גיליתם עליכם!

1. המדריך הפנימי שלכם זמין תמיד.

2. כוח המחשבה הוא מתנה ויש לנו אפשרות לבחור על פי אילו מחשבות לפעול.

3. תובנות עוזרות לנו להכיר את עצמנו ולהבין את עולמנו.

4. הבנת כוח המחשבה ושימוש בתובנות הופכים את החיים למהנים.

5. המדריך הפנימי שלכם עוזר לכם להיות בטוחים ואופטימיים לגבי למידה וחברות.

6. אתם יודעים שכדאי להקשיב לשכל הישר שלכם!

פרקים 1-7 תזכורות שימושיות!

פרק 1: בואו נגלה את המדריך הפנימי שלכם. יהיו לכם חיים נחמדים יותר!

המדריך הפנימי שלכם זמין תמיד. תראו מה קורה כאשר אתם מבחינים בו.

יהיו לכם מילים משלכם לכנות את המדריך הפנימי שלכם. זו חכמה פנימית טבעית.

בכל אחד כבר יש גרעין בריא של חכמה פנימית טבעית.

פרק 2: גלו את מתנת המחשבה שלכם. אתם תדעו במה לבחור!

אתם יכולים להרפות ממחשבה מזיקה כמו מתפו"א לוהט ופשוט לפעול על פי המחשבות המועילות.

טבעי לפעול על פי מחשבות המביאות רגשות שמחים ובטוחים.

השתמשתם בשכל הישר הזה פעמים רבות בכדי לקבל בחירות נבונות.

פרק 3: שימו לב לתובנה חדשה. תהיה לכם הזדמנות להרגיש שלווה ואכפתיות.

החכמה שלכם עוזרת לכם לבחור להרפות ממחשבה מדאיגה.

שימו לב מה קורה כשמחשבה טובה יותר קופצת לכם לראש.

כשאנו מקשיבים לחכמה, אכפתיות ושיתוף מתרחשים באופן טבעי.

פרק 4: חשיבה רבה מדי יכולה להאפיל על המדריך הפנימי שלכם. הרגשות מאפשרים לנו לדעת!

אתם יכולים להיות מודעים באופן טבעי לרגשות שלכם.

קל להבחין כאשר הרגשות משתנים.

למדו "להפוך את הקערה!" כך שמחשבות מועילות יוכלו ליצור רווחה אישית.

פרק 5: הידיעה מתי "לעצור, לחכות, ללכת" – עושה את כל ההבדל.

חברים משתמשים במדריך הפנימי שלהם כדי לבחור יחד.

חברים הפועלים מחשיבה רגועה מראים הבנה וטוב לב.

חברים יודעים שהם יכולים לשנות את דעתם.

פרק 6: דעו מי ומה אתם. יש לכם רווחה נפשית בפנים.

האמינו שיש לכם רווחה נפשית אישית בפנים.

אתם יכולים לקבל תמיכה ולבחור בחירות בריאות בכל עת!

תוכלו לחוות רווחה נפשית על ידי תשומת לב לתובנות שלכם.

פרק 7: למדו להכיר את מצבכם הנפשי. הכירו אותו לפי ההרגשה בה אתם נמצאים.

אם תמקדו את תשומת ליבכם, תהיו מודעים לשינויים ברגשות שלכם.

המשמעות היא שאתם מקשיבים באופן טבעי למדריך הפנימי שלכם.

תובנות מועילות משפרות את הרגשות ואת המוטיבציה הטבעית שלכם.

אתם פלא

קראנו הרבה סיפורים בספר זה. היינו במסע למידה *"שמרחיב את התודעה שלנו ומאפשר לנו לראות מעבר למה שאנחנו כבר יודעים."* (9)

כיף ללמוד!

כשאנו מתקרבים לסוף ספר זה, מועיל לזכור: "...אחד מהדברים המרתקים והיפים ביותר בחיים האלה הוא מימוש הידע העוצמתי שנמצא בתוך כל אדם." (10)

זה אומר שהידע הזה נמצא בך! וזה אומר שהידע הזה נמצא בי!

הנה עצה פשוטה עבורנו: "שנו כיוון, התבוננו פנימה, ותמצאו את התשובה." (11)

צרו מפת מעגלי שייכות...
שימו לב! היו מתחשבים, הציגו קשרים; היו מדויקים; הקלו על הקריאה.

עצרו והקשיבו לשכל הישר שלכם... לפעמים אתם מחפשים עזרה ולפעמים אתם מציעים עזרה. צרו "מפת מעגלי שייכות" כשאתם במרכז. הוסיפו שמות של אנשים מהמשפחה, מבית הספר ומהקהילה שיכולים לתמוך בכם. שתפו את מפת מעגלי השייכות שלכם עם מבוגר כמו מורה או הורה. האם המבוגר יכול להציע שמות אחרים שאולי תבחרו להוסיף?

חשבו על מה שלמדתם וכתבו רשומת יומן...

"אף פעם לא מאוחר לחלום ואם הלב והמחשבות שלכם טהורים, החלומות שלכם יכולים להתגשם" (12)

כתבו על חלום שיש לכם לגבי עצמכם. דונו בחלום זה עם מבוגר כמו מורה ו/או הורה.

שימו לב! השתמשו בגוף ראשון (אני...), כתבו מחשבות ורגשות. הראו תובנות והקשרים.

צרו מטאפורה אישית [= דימוי, סמל אישי]

שימו לב! צרו דימוי חזק, עם איכויות אמיתיות, השתמשו במרחב, היו מסודרים.

בחרו שתי מילים שמתארות אתכם בצורה הטובה ביותר.

בקשו ממבוגר לבחור מילה אחת שמתארת אותך.

צרו דימוי, כמו הינשוף שנבחר לספר זה כסמל לחכמה וידע, והוסיפו את המילים למטה:

המדריך הפנימי שלי חכם.

גם אני ______________ ו______________________________

בחרו שלוש מילים מבין האפשרויות הרבות ברשימה:

אוהב	**חברותי**	**נבון**
אוהב לכייף	**חיוני**	**נדיב**
אחראי	**טוב לב**	**סבלני**
אכפתי	**יצירתי**	**עוזר**
אמין	**מאוזן**	**עליז**
אמיץ	**מבין**	**קליל**
אנרגטי	**מכבד**	**קשוב**
אסיר תודה	**מלא תקווה**	**ראש פתוח**
בטוח	**מנומס**	**רגוע**
בעל דמיון	**מעשי**	**רגיש**
הוגן	**מצחיק**	**רחב לב**
זהיר	**משתף פעולה**	**שמח**
חביב	**מתחשב**	

בואו נחזור על מה שאתם יודעים!

בחרו 2 או 3 מהרעיונות למטה שיש להם משמעות עבורכם ודונו בהם.

- המדריך הפנימי שלי זמין תמיד. 24-7-365.
- ברגע שמחשבה מעיבה חולפת, "מגיעה במקומה מחשבה טובה יותר שעל פיה אתם יכולים לפעול." (4)
- המדריך הפנימי שלכם הוא "ידע רב עוצמה," אשר ידוע גם כחכמה ש-
  - גדלה איתכם.
  - מביאה לכם אהבה וחמלה.
  - מובילה אתכם לשמחת חיים.
- תארו לעצמיכם: כולנו יכולים להשתמש ב"מתנת החכמה" כפי שאנו בוחרים!
- אתם יכולים להרפות ממחשבה כמו מתפוח אדמה לוהט!
- תובנות מועילות להכרת עצמנו ולהבנת עולמנו.
- נתינה וקבלה יוצרים מעגל.
- כל ילד נולד עם "קערת אור" מלאה ב*אלוהה* וחכמה.
- רמזור **אדום... עצרו** כשאתם כועסים!

  רמזור **כתום...** מה הוא מאפשר לכם?

  רמזור **ירוק...** נרגעתם... קדימה המשיכו הלאה!
- מחשבה היא מתנה. תוכלו להשתמש בה כפי שאתם בוחרים.

  פעלו על פי מחשבות טובות ולא יהיה לכם מה להפסיד!
- כדי ליצור ולקיים חברויות בריאות, פשוט היו מסבירי פנים, ידידותיים ואדיבים.
- מי ומה שאתם בפנים – זה מה שקובע.
- "לפעמים רק המחשבות שלנו הן שהופכות אותנו לאומללים." (8)
- "לעולם אל תשכחו שאחד הדברים המרתקים והיפים ביותר בחיים האלה, הוא מימוש הידע העצמתי הטמון בתוך כל אדם." (10)

לומד יקר,

דמיין שאתה ינשוף.
כמו כל ציפור, עליך ללמוד לעוף.

המדריך הפנימי שלך הינו ידע רב עצמה שמעניק כוח לכנפיים שלך ומכוון אותך לכיוון השמיים. אתה עף עם רגשות של שמחה, אהבה וחמלה, עולה במהירות גבוהה יותר ככל שהבנתך גדלה.

כשאתה חי את חייך, דע שאתה פלא. היה שמח ובטוח בידיעה שהמדריך הפנימי שלך תמיד נוכח ... 24 שעות ביממה, 7 ימים בשבוע, 365 ימים בשנה; זה אומר ... **בכל עת!**

"התבונן פנימה ותמצא את התשובה." (11)

פרק 9
מילים עוצמתיות
מעשירות
את חייכם

מילים עוצמתיות מעשירות את חייכם!

א

אומץ – האפשרות להתמודד עם פחד

אלוהה – אהבה (אלוהה היא מילה הוואית)

אסיר תודה – מודה, מכיר טובה, מלא הכרת-תודה

ב

ביטחון עצמי – אמונה חזקה של אדם בעצמו, ביכולותיו, בכישוריו ובהחלטותיו

ג

דמיון – יצירה של המוח שלך

ה

הבנה – להבין, לדעת

הגיון פשוט – היגיון בריא, שכל ישר

הגיוני – מובן

הולי – להפוך (הולי היא מילה הוואית)

החלטה – בחירה, הכרעה

הסתכל מבעד – הסתכל דרך

העיפה מבט – הציצה, הביטה לרגע קצר

העלה בדעתו - חשב

הרפה – הפסיק להחזיק בו, שחרר

השליך - זרק

התבהר – נעשה ברור יותר ומובן יותר

התמונה הגדולה – הרעיון המרכזי

ז

זעם – כעס גדול ורוגז רב שלעיתים גורמים לאדם לנהוג באלימות

ח

חולקת - משתפת

חוסר בטחון – חוסר אמונה אדם ביכולת שלו להתמודד בהצלחה עם מצבים שונים

חזון – רעיון עם תמונה בראש, תמונה שעולה בדמיון

חיובי – טוב, רצוי, נכון, ומועיל

חכמה – ידיעה פנימית, תבונה, שכל ישר, היגיון בריא

חמלה – אכפתיות, רגש של רחמים ואהדה, רגש של השתתפות בצערו של מישהו אחר

י

ידיעה פנימית – תבונה, הבנה, אינטואיציה

כ

כעס - התרגז

כראות עיניכם – כמו שאתם רואים או חושבים על זה

ל

להאמין – לקבל כנכון, כאמת

להוליך שולל – להטעות, לרמות

להפשיל שרוולים – לקפל או להרים שרוולים [כביטוי – להתחיל לעבוד]

להשליט – לקבוע, להנהיג [לעשות את המחשבה שליטה]

להתעלם – לא לשים לב, לא להתייחס, לא להגיב

ליבו צנח – ליבו החסיר פעימה, בהל

לכבד – לראות כבעל ערך, כראוי

לראות בעיני רוחי – לראות בדמיון

מ

מדריך – מנחה, עוזר

מהומה – בלגן, התפרעות, השתוללות

מודע – נמצא בהכרה, בידיעה; רואה את מה שיש

מוטיבציה – רצון, הנעה, דחף,

מזג – מצב נפשי (כעוס או רגוע למשל)

מחשבה – כוח ליצור רעיון

מלמל – דיבר באופן לא ברור, 'בלע' את המילים או לחש אותם

מסביר פנים – חברותי, ידידותי, טוב מזג, נחמד, לבבי, סימפטי

מסופק – מרוצה, שמח, מאושר

מצב נפשי – הרגשה, מצב רוח, הלך רוח, מזג

מקור – מאיפה משהו מתחיל או מגיע

מתגבשת – נוצרת, מתהווה

נ

נסער – לא שקט, נרגש, שיש בו סערת נפש

ס

סבלנות – רוגע

סבתה – סבתא שלה

פ

פוגעני – מעליב, פוגע מבחינה רגשית

פנה הלאה – הלך משם

פנימי – בתוככם, בתוך עצמיכם

ר

רגוע – שקט, שלוו, נינוח

רוחני – שאין לו צורה

רעיון התמונה הגדולה – הרעיון המרכזי

ש

שכל ישר – היגיון בריא, היגיון ישר, הכוח לבצע בחירות חכמות וטובות

שלילי – רע, גרוע, מזיק, לא מועיל

שמחה – אושר

ת

תבונה – חכמה פנימית, אינטליגנציה פנימית

תובנה – הבנה או ידיעה חדשה מבפנים, חכמה פנימית

תודעה אישית – כלל המחשבות, הרגשות, התחושות, התפיסות והמושגים, של האדם

תודעה אוניברסלית - האנרגיה חסרת הצורה שאחראית ליצירת כל החיים

תחושה – הרגשה פיזית

תחושת שייכות – הרגשת חלק מ-

תמונה גדולה – רעיון מרכזי

הערות אחרונות למדריך הפנימי שלי
סיפור מיוחד

מר סידני בנקס, שהתובנה שלו לגבי החכמה בתוך כל אחד נמצאת בלב ***המדריך הפנימי שלי***, כתב ספר מיוחד לאנשים צעירים שנקרא ***ליזה היקרה**** על "ילדה יתומה ענייה אך מאושרת שגרה בשכונות העוני של לונדון במאה ה-19. מאוצר מכתבים שהותירה לה אימה, ליזה לומדת הבנה ייחודית של החיים. בדרכה המיוחדת, חכמתה השקטנה נוגעת בליבם ובחייהם של כל מי שהיא פוגשת." (13)

ליזה היקרה הוא סיפור נפלא, מלא רגשות יפים, ואנו ממליצות עליו בחום!

ספר זה הוא אחד המקורות המופיעים להלן לציטוטים שלנו מסידני בנקס שנמצאים ברחבי ***המדריך הפנימי שלי.***

*הספר ליזה היקרה עדיין לא תורגם מאנגלית לעברית.

מקורות לציטוטים ב*מדריך הפנימי שלי*

כאשר מופיע ציטוט בספר זה, מצוין אחריו מספר המקור (בסוגריים). לדוגמא, אחרי הציטוט בסוף הפסקה הראשונה בעמוד זה כתוב (13) המופיע להלן. "שם" פירושו שהוא גם מליזה היקרה – כמו הציטוט הקודם (12). "שיחה" פירושה שהציטוט הוא מתוך שיחה מוקלטת של מר בנקס.

1. בנקס, ס., (2003) שיחה
2. בנקס. ס., (2004) ליזה היקרה, 67.
3. שם, 70.
4. בנקס. ס., (2003) שיחה
5. בנקס. ס., ליזה היקרה, 71.
6. בנקס. ס., (1998) החוליה החסרה, 47.
7. בנקס. ס., ליזה היקרה, 71
8. שם, 46
9. שם, 61
10. שם, 69
11. בנקס. ס., (2007) שיחה
12. בנקס. ס., ליזה היקרה, 68
13. שם, כריכה אחורית

סקירה כללית של תכנית הלימודים המקיפה של *המדריך הפנימי שלי*
צרו קשר: myguideinside.com

המדריך הפנימי שלי הוא תכנית לימודים מקיפה, הכוללת 3 חלקים, מגן הילדים עד י"ב, אשר הינה מבוססת סיפורים המכסה תכנים מותאמים לרמת ההתפתחות, בתהליך למידה מתמשך לאורך כל שנות בית הספר. כמורים, אתם בוחרים את רמת המדריך הפנימי שלי המתאימה לתלמידים שלכם במסגרת החינוכית הספציפית שלכם. ספר *I* (מבוא, יסודי) ספר *II* (המשך, ביניים), ספר *III* (מתקדם, תיכון). דבר זה מאפשר להנהלת בתי הספר להציע תכנית הדרכה רציפה לשיתוף שלושת העקרונות עם תלמידים בכל הכיתות.

המדריך הפנימי שלי, ספר *II* מכיל סיפורים ופעילויות המעודדים הצלחה:

– רמת הקריאה: "קל לקריאה" (כיתות ד' ומעלה)

– גמישות: קורס רגיל או מותאם לתלמידים השונים

– מסגרת: כיתתית, קבוצה קטנה או פרטית

– עיצוב: כולל תלמידים בהכוונה עצמית העובדים באופן עצמאי

– מסגרת זמן אידיאלית: מתחילת שנת הלימודים על מנת לבנות קהילה ולטפח אופטימיות

מטרות ספר II: העקרונות הנדונים בספר לתלמיד זה פועלים בכל בני האדם, כולל ילדים. תכנית לימודים זו מציגה את הדרך לשלמות, אושר, יצירתיות ורווחה בכל חלקי החיים. לפיכך, למדריך הפנימי שלי מטרות אקדמיות המתאימות לרחבי העולם: (1) לטפח רווחה אישית מתוך הבנת עקרונות אלה (2) ולפתח מיומנויות תקשורת, חשיבה ואחריות אישית וחברתית. *המדריך הפנימי שלי* משיג מטרות אלה על ידי שימוש בסיפורים, דיונים ופעילויות כתיבה ויצירה שונות, כשהלמידה מעלה גם את המיומנויות הלשונית של התלמידים ומיומנויות מתחומים אחרים.

גילוי המדריך הפנימי הוא מפתח ללמידה, והוא משפר את יכולתם של הילדים לקבל החלטות, לנווט בחיים ולבנות מערכות יחסים בריאות. גישה לחכמה טבעית זו משפיעה על רווחה נפשית ורוחנית, על אחריות אישית וחברתית, ועל זהות אישית ותרבותית חיובית. למידה חברתית-רגשית, כולל נחישות, ויסות עצמי ויעילות עצמית, הם גם תוצאות טבעיות של מודעות גבוהה יותר לחכמה הפנימית/ "המדריך פנימי". הבנה זו ממקסמת את הרווחה האישית ומשפרת את האווירה בבית הספר, את התנהגות התלמידים ואת הביצועים האקדמיים.

מדריך המורים לכל ספר מכיל מערכי שעורים, הערכות לפני ואחרי, פעילויות, ממדי הערכה ומשאבים. תכנית לימודים זו, המבוססת על עקרונות אוניברסליים, מיועדת לשימוש ברחבי העולם עם כל סוגי התלמידים. קווים מנחים מתכניות לימודים של קנדה, ארה"ב ובריטניה מנחים עבודה זו. את כל הספרים, כולל פרסומים אלקטרוניים לבתי ספר, ניתן להשיג באתר myguideinside.com

Instructional Materials for Pre K — 12 Learners

myguideinside.com

My Guide Inside® Pre-K–12 Comprehensive Curriculum

Campsall, C. with Marshall Emerson, K. (2018). *My Guide Inside, Learner Book I.*

Campsall, C. with Marshall Emerson, K. (2018). *My Guide Inside, Teacher's Manual, Book I.*

Campsall, C., Tucker, J. (2016). *My Guide Inside, Learner Book II.*

Campsall, C. with Marshall Emerson, K. (2016). *My Guide Inside, Teacher's Manual, Book II.*

Campsall, C. with Marshall Emerson, K. (2017). *My Guide Inside, Learner Book III.*

Campsall, C. with Marshall Emerson, K. (2017). *My Guide Inside, Teacher's Manual, Book III.*

Supplemental Children's Picture Book

Campsall, C., Tucker, J. (2018). *Whooo ... has a Guide Inside?*

אודות המחברות

כריסטה קמפסול היא חלוצה בהצגת שלושת העקרונות לחינוך לאורך 12 שנות לימוד. מאז 1975, העקרונות היוו את הבסיס לעבודתה כמורה בכיתה, כמורה לחינוך מיוחד וכמורת-מורים. כריסטה קיבלה הדרכה מסידני בנקס לאורך כל הקריירה שלה, והוא העניק לה תעודה ללמד את שלושת העקרונות. היא בעלת BEd ו-DiplSpEd מאוניברסיטת קולומביה הבריטית ו MA מאוניברסיטת רויאל רודס. היא ובעלה גרים בסולט ספרינג איילנד, קולומביה הבריטית.

ג'יין טאקר שמעה את סידני בנקס לראשונה בשנת 1976, והידע שהוא שיתף הפך לבסיס עבודתה לאורך השנים עם ילדים ונוער כמורה למקצועות משלימים, מורה פרטית, ומתאמת מתן סיוע לחינוך נוער. היא נותרה בתקשורת צמודה עם מר בנקס עד לפטירתו, וקיבלה ממנו תעודה ללמד את שלושת העקרונות. ג'יין היא בעלת BA באנגלית ממכללת הוד ומתגוררת עם בעלה בסולט ספרינג איילנד, קולומביה הבריטית.

מה אומרים מורים על המדריך הפנימי שלי

סיפורים אותנטיים אלה פשוטים ועם זאת עמוקים, ויש להם יכולת להוביל את התלמידים למדריך הפנימי שלהם.

ברב אוסט, *BEd, MEd*, מנהלת, יועצת חינוכית וסופרת,
סולט ספרינג איילנד, קולומביה הבריטית, קנדה.

כמנהל למעלה משלושים שנה, לעיתים קרובות הייתי עד למאבקים חסרי המנוחה של ילדים ונוער רבים כשהם מתחילים להרגיש בנוח בתוך עורם. תכנית הלימודים הישירה, הפשוטה אך העמוקה של כריסטה עוזרת למורים להפנות בני נוער לכיוון אחר, למדריך הפנימי שלהם, למהות שלהם ולחכמה שלהם. אני ממליץ על המדריך הזה למורים כמקור תמיכה רב עוצמה. הוא עוזר לכולנו לזכור מי אנחנו באמת... אהבה טהורה.

פיטר אנדרסון, *Cert. Edn. Adv. Diploma* (קיימברידג),
מנחה שלושת העקרונות, מנהל, יועץ, אסקס, בריטניה

התמזל מזלי להכיר את סידני בנקס באופן אישי, ולגדול מוקפת בהבנת שלושת העקרונות, שנשארה בלב הגישה שלי כמחנכת. הייתי מורה בבתי ספר בשכונות עוני של בלטימור, מיאמי והברונקס למעלה מ-12 שנים. על ידי שיתוף הבנה פשוטה זו, תלמידים יכולים להחליט כיצד הם רוצים לחוות את החיים באמצעות הבחירות שלהם לגבי מחשבה. ראיתי תלמידים אגרסיביים הופכים למשכני שלום, ילדים ביישניים וחסרי ביטחון הופכים למנהיגים בטוחים, ואת רמת המודעות והאמפטיה עולה בתוך בית הספר כולו. אני שמחה ונרגשת למחשבה שילדים רבים יראו ויחוו תכנית לימודים זו. להבנה זו יש את הכוח לשנות את החינוך ואת החוויה הבית ספרית בקנה מידה עולמי!"

כריסטינה ג. פוקיו, מורה מנחה/מאמנת, ברונקס, ניו-יורק